U0602120

本书获评"复旦大学哲学学院源恺优秀译著奖"
由上海易顺公益基金会资助出版

日月光华 · 哲学讲堂

11

复旦 PPL 系列讲座

边沁的法律、政治
及哲学思想

〔英〕菲利普·斯科菲尔德 — 著

李 青 翟小波 — 主编

中国出版集团 东方出版中心

图书在版编目（CIP）数据

边沁的法律、政治及哲学思想 / （英）菲利普·斯科菲尔德（Philip Schofield）著；李青，翟小波主编. －上海：东方出版中心，2023.10
ISBN 978-7-5473-2270-3

Ⅰ.①边… Ⅱ.①菲…②李…③翟… Ⅲ.①边沁（Bentham，Jeremy 1748－1832）－哲学思想－研究 Ⅳ.①B561.41

中国国家版本馆CIP数据核字（2023）第175733号

日月光华·哲学讲堂
边沁的法律、政治及哲学思想

著　　者　[英]菲利普·斯科菲尔德
主　　编　李　青　翟小波
策划编辑　刘佩英
责任编辑　冯　媛
封面设计　钟　颖

出 版 人　陈义望
出版发行　东方出版中心
地　　址　上海市仙霞路345号
邮政编码　200336
电　　话　021-62417400
印 刷 者　上海万卷印刷股份有限公司

开　　本　787mm×1092mm　1/32
印　　张　8.5
字　　数　140千字
版　　次　2023年10月第1版
印　　次　2023年10月第1次印刷
定　　价　68.00元

总　序

　　相互对话，有利于推进思想。进入 21 世纪以来，复旦哲学迎来了与国际学界对话的高峰期，不仅建立了"中国哲学与文化"的英文硕士项目，在英国布鲁姆斯伯里（Bloomsbury）出版社出版了"复旦：与中国哲学相遇"系列丛书，而且迎来了大批国外的优秀学者，让我们的老师与学生在第一时间就有机会与国际杰出的学者们面对面交流，这不仅拓展了师生们的学术视野，更推动了思想的互动与对话。

　　在这个地球村时代，时空因为科学技术的发展而大大压缩，相互交往变得极为便利，但人类能否真正进入一个和平时代却成为一项极为尖锐的考验。能否经受考验很大程度上取决于人们之间的相互理解，取决于是否有能力去倾听。倾听是一项非常宝贵的能力，在中国文化传统中，这是与"成聖"联系在一起的，"聖，通也，从耳，呈声"。"倾听"与"通达"相关联，通达天地，通达他人；"倾听"的本质不仅仅是听到而已，最为关键的是去倾听自己所不懂的，去熟悉自己所不熟悉的，去理解自己所不理解的，这是一种真正的包容；否则貌似倾听，实则无非听自己想听的，肯定自己所肯定的，理解自己已经理解的。"倾听"意味着一种接纳"他异性"的能力，"听"总是要听"不同"的声音，《左传》说："若以水济水，谁能食之？若琴瑟之专一，谁能听之？同之不可也如是。"在经济全球化时代，不同文明之间的相互"倾听"已成为一项极为重要的品质，学术的良好生态也正是在倾听不同的声音中建立起来的。

　　"倾听"不只是帮助我们去理解他者，同时也是一个自我认识的过程。正是在倾听他者的过程中，才能够迂回他者，从而更好地发现自己的特点，超越自身的局限。"日月光华·哲学讲堂"在过去五年中已经出版了八种译著，译介的都是过去十多年里国际学术同行在复旦大学的演讲与授课，这些演讲表达了国外同行对于学术问题的深入理解，也表达了他们对于这个时代的深刻思考。古人说，"闻声知情，与天地合德，日月合明，四时合序"。在这个联系日益紧密的人类共同体中，倾听他者，开放思想，兼容并蓄，保持多元与丰富，追求"和而不同"的境界，正是学术同仁的共同理想。在过去的十多年中，有上百位国际学者来复旦大学哲学学院访问，为师生们传递学术的脉动、思想的力量，为大家呈现出一个精彩纷呈的精神世界。日月光华，旦复旦兮；在倾听中，一个更为阔大的世界跃现眼前，思想的勃勃生机正孕育其中。

是为序。

孙向晨

2021 年 9 月于复旦

目 录 | Contents

导　言

李　青

一

2022 年 10 月 10 日—27 日，复旦大学邀请伦敦大学学院（University College London）法学院法律政治思想史教授菲利普·斯科菲尔德（Philip Schofield）为复旦大学 PPL（哲学、政治、法学）项目进行了六场系列讲座。该项目是由复旦大学哲学学院、国际关系与公共事务学院、法学院联合打造的一个跨学科、全方位、多层次的持续性合作项目，包括学术研究、学术活动、研究生培养等内容。此次系列讲座内容集中于边沁的法律、政治和哲学思想。考虑到讲座学术内容的针对性，主办方取消了对原先校内讲座听众范围的限制，全国相关专业人员通过网络积极参加，参加人数高达三百余人，反响强烈。讲座的内容全面、深刻，对理解边沁思想体系及推动国内相关研究工作，是不可多得的资料。为此，主办方专门组织人手翻译整理了该系列讲座的全部内容，并得到了中国出版集团东方出版中心的大力支持，现结集予以出版，以飨读者。

斯科菲尔德教授为伦敦大学哲学博士，现任伦敦大学学院边沁研究中心主任，"边沁项目"（Bentham Project）负责人，新版《边沁全集》（*The Collected Works of Jeremy Bentham*）现任主编，国际功利主义研究学会（International Society for Utilitarian Studies）秘书长。斯科菲尔德教授致力于边沁和功利主义思想的相关研究，著有《功利与民主：边沁的政治思想》（*Utility and Democracy：the Political Thought of Jeremy Bentham*）、《边沁：迷茫者的指南》（*Bentham：A Guide for the Perplexed*）等多部著作，先后编辑或合编了 12 卷新版《边沁全集》。

此次系列讲座分为六场，其主题分别为：第一讲，边沁的生平、事业与《政府片论》；第二讲，功利原理及其从属性原则：生存、富裕、安全、平等；第三讲，法律和主权理论：惩罚和圆形监狱；第四讲，逻辑、语言和宗教批判；第五讲，从法国大革命到英国议会改革计划的政治思想；第六讲，《宪法典》与共和主义。斯科菲尔德教授全面介绍了边沁思想体系，几乎覆盖了边沁思想体系的各个方面，包括一些有争议的热点问题。根据斯科菲尔德教授所介绍的边沁法律、政治思想以及所涉及的边沁思想哲学基础，可见边沁思想体系之庞大、内容之广泛，部分思想极富前瞻性。斯科菲尔德教授还介绍了有关边沁思想研究的最新进展。

本次系列讲座第一讲主持人为复旦大学哲学学院汪行福教授；第二讲主持人为复旦大学哲学学院罗亚玲副教授；第三讲主持人为复旦大学法学院蔡从燕教授；第四讲主持人为复旦大学哲学学院孙宁副教授；第五讲主持人为复旦大学国务学院李海默副研究员；第六讲主持人为复旦大学哲学学院白彤东教授。

二

为帮助读者更好地理解讲座内容，编者在此简略介绍边沁思想的相关背景情况。根据斯科菲尔德教授的研究，边沁的事业生涯大致可划分为三个阶段，1769—

1789 年为第一个阶段，边沁专注于刑法等相关法律及法哲学的研究；第二个阶段是 1789—1803 年，专注于圆形监狱项目和其他计划，旨在帮助英国度过 1790 年代所面临的各种危机；第三个阶段是 1803—1832 年，是边沁事业生涯的最后一部分，他从 1809 年开始致力于激进的议会改革，提倡共和制。

作为英国历史上最伟大的法律改革者之一，边沁的法律理论和他所推动的法律改革对英国乃至整个西方世界都产生了深远的影响。然而，边沁在西方思想史上的影响并不局限于法律领域，他的思想对哲学、伦理学、政治学、经济学、教育学、社会学等众多学科都产生了广泛的影响。边沁作品丰富，所涉及的领域极广，在每一个想象可以运用功利主义的地方，他几乎都留下了深刻的论述。实际上，自功利主义问世以来，现代世界的制度建设和社会科学思想，都不可避免地打上了功利主义的烙印。

在法律改革方面，作为英国历史上一位杰出的法律哲学家，边沁对法律和立法的本质进行了深入研究，对法律理论和司法实践产生了深远的影响。边沁明确提出了法律的实然和应然的区别。他指出，最大多数人的最大幸福是道德和立法的目标。这些都不同于传统的自然法理论。边沁在法律编纂方面也作出了巨大的贡献，涉及《民法》《刑法》《宪法典》等领域。边沁强调清晰简明法律的重要性。他认为法律应该能够为所有人所认知和理解。边沁倡导建立一个更加人性化和有效的刑事司法系统。他关于监狱改革的观点对刑事司法系统产生了持久的影响。他认为，监狱的目的不是简单地惩罚囚犯，他主张使用监禁、工作计划和教育来帮助囚犯成为对社会有用的成员。惩罚应该与犯罪所造成的伤害相称，并以最大限度地提高社会整体幸福的方式来实施。边沁的惩罚思想影响了现代矫正实践的发展。

作为哲学领域的重要部分，伦理学直接涉及人类行为和决策相关的道德原则、价值观和行为规范等问题。边沁的伦理学理论以他提出的功利原则为基础，其最终目标是最大化幸福，最小化痛苦；评价行为的标准是能否促进最大多数人的最大幸福。这一理论自 18 世纪以来一直是道德哲学的重要组成部分。首先，边沁的功利主义道德理论为评估行为的道德性提供了清晰而系统的框架，它关注行为的后果，并以快乐和痛苦作为核心概念，提供了客观评价行为道德性的方法；其次，边沁的功利主义道德理论强调促进最大多数人最大幸福的重要性，同时也具有平等主义的特点，因为他认为，所有个人的幸福都应该得到平等的考虑。边沁的功利主义道德理论还对更广泛的伦理学领域作出了重大贡献。边沁是动物权利观念的首倡者，认为应该根据动物体验快乐和痛苦的能力给予它们道德上的考虑。他还主张将同性恋和卖淫除罪化或非刑事化。作为一位开创性的哲学家和社会改革家，边沁的理论为实践伦理学提供了明确的指导原则，为伦理决策和权衡提供了框架。

在政治思想方面，功利主义同样提供了基于最大幸福原则的政治理论基础。它强调以追求最大幸福为目标，并以此进行政治判断。边沁既是自然法等学说的批评者，也是代议制民主最重要的辩护者之一。边沁认为，个人应自由地追求自己的利益，只要不伤害他人。他认为，社会制度应该依照幸福最大化的公众利益目标被塑造；政府只有在为促进更大的利益且有必要时才应干预公民的生活。这为后来的社会改革和福利国家的理念提供了理论基础。边沁提出了一系列有关社会政策和福利改革的建议。他主张通过公共教育、废除奢侈品税、建立社会保障制度和改善监狱制度等措施来促进社会福利的提高。边沁在政治体制理论方面的研究包括安全学说、政治经济学、宪法中的利益融合原则、公共舆论法庭，等等，展现出他思想的深邃和涉及领域的广泛。例如，边沁在政治哲学中强调公众舆论的重要性，他认为公众舆论是一种强大的力量，能够推动社会进步和政策改革。

在经济思想方面，边沁的功利原则已成为现代成本效益分析的基础。边沁思想对经济学的边际效益理论的发展产生了深远影响。边沁也对法律与经济的相互关系进行了深入研究。他关注法律对经济行为的影响，特别是通过法律规则来调节和促进经济效益的实现。边沁也为社会福利经济学作出了重要贡献。一方面他认为，经济政策的目标应是最大化社会整体幸福，这可通过提高税收和发展公共教育等促进社会平等的政策来实现，而不仅仅是最大化个人财富或收入。另一方面，边沁还强调实证数据在经济分析中的重要性。他认为，经济理论应基于可观察的事实和数据，而非抽象概念或意识形态。边沁认为，教育对个人和整个社会的发展至关重要。边沁还写了大量关于教育改革的文章。他主张教育应世俗化，不受宗教影响。由于边沁在伦敦大学学院历史上的重要地位，被公认为伦敦大学学院的精神之父。他提出：教育应该免费，应由国家资助，教师应得到培训和认证。他关于教育改革的思想，包括使用标准化考试和教师资格认证，至今仍影响着教育政策。边沁认为教育应以科学原则为基础，应专注于讲授实际工作中有用的技能。

穆勒曾错误地认为，边沁并不是一位伟大的哲学家，他既缺乏理论建构上的独创性，也缺乏对于现实世界复杂性的认识。实际上，边沁学说不仅包括了相应的哲学内容，而且正是边沁的哲学思想构成了边沁功利原则的哲学基础。斯科菲尔德教授指出："人们常常认为边沁思想的出发点是功利原则。然而，他的思想有一个更深的方面，功利原则本身就是建立在这个方面的。这就是他的本体论，以及与之相关的逻辑和语言理论。"① 在边沁逝世 100 年后，奥格登于 1932 年首次将边沁的这部分哲学思想整理后以《边沁虚构理论》（*Bentham's Fiction Theory*）为书名出版。边沁的虚构理论包含了他自己独特的本体论和认识论哲学思想。他的本体论是从现实世界的存在入

① Philip Schofield: *Bentham: A Guide for the Perplexed*, London: 2009, p. 50.

手，关注现实世界的本质，如物体、事件和抽象概念的本质，试图回答这些概念和我们现实世界的关系。他的认识论也试图理解认识者和被认识者的关系，确保我们获取的知识是真实的。该理论展示了边沁深刻的哲学思考。他从哲学的角度探讨了人类究竟如何认识其身处其中的外部世界，完成其理论体系的建构。边沁认为，语言不仅是话语的工具，而且是思想本身的工具，通过这种工具，不仅感知和思想得到交流，而且思想得以形成。边沁创造性地将外部世界中的实体分为真实实体（real entity）和虚构实体（fiction entity）两部分，并借用语言作为两者之间的中介。通过话语（名词）的广泛使用性使虚构理论具有了对外部世界的整体覆盖功能，语言本身的话语秩序的理性规则保证其理论体系的合法性，于是在逻辑构成上达到了自洽，从而完成其理论对外部世界全体实体对象的认识理解。边沁认为，包含抽象名词如权利、权力和义务这类虚构实体名称的句子，只有当它们可被转化为其他包含真实实体名称的句子时，才是有意义的。边沁为此提出三种适用于其理论的"阐释"或分析的方法，即补缺（phraseoplerosis）、训释（paraphrasis）和原型化（archetypation）。边沁早在 18 世纪就开始语言哲学的探索，时间上比罗素大约领先 150 年。边沁最重要的理论创新其核心正是从"真实实体"和"虚构实体"角度所展开的语言分析，从而建立了思想领域和物理现实之间的关系。

边沁还被认为是其他思想领域的先驱，涵盖范围从国际法到动机心理学以及社会学等众多领域。针对边沁思想在 19 世纪所发挥的作用，英国政治家罗巴克（John Arthur Roebuck）说："在处理所有政治和道德问题的模式上，边沁的著作引起了一场无声的革命。思想习惯焕然一新，整个政治作家群体大都不知激励来自何处，却充满了新精神。"[①] 罗巴克高度肯定了边沁思想在社会转型的重要历史阶段所发挥的独特作用。

和历史上大多数著名的思想家相比，边沁另一个非常显著的特点是，除了在思想理论领域取得巨大成就，他还在推动当时英国社会转型改革的实操事务上取得许多突破性的成功。在公共行政和社会政策领域，边沁对维多利亚时代英国的行政和社会改革过程的影响力可能

[①] Roebuck, J. A: The Life and Letters of John Arthur Roebuck, ed. R. E. Leader, London: E. Arnold, 1897, p. 217.

超过了其他任何思想家。正如中国学者浦薛凤所指出的："'功利主义'，与其说是一部颠扑不破或闭户造车的抽象哲学，毋宁谓为一个酝酿发展流动变化的社会运动。只因每一时代之伟大社会运动必有其标语、口号、信条、原则，为其理论根据，故英国 19 世纪中政治社会之改造当然同时有其系统的道德与政治学说——功利主义。"[1] 边沁作为一位积极的社会改革家，主张通过社会政策和制度改革来实现最大幸福，促进社会进步。在具体的法律改革方面，除了英国议会于 1832 年通过的议会改革法案（Reform Bill）外，许多新的法律也陆续得到制定，如 1829 年《大都市警察法》、 1833 年《教育法》、 1833 年《工厂法》、 1834 年《贫困法》、 1840 年《铁路管理法》、 1845 年《证据法》、 1848 年《公共卫生法》、 1859 年《义务教育法》、 1873 年《司法法》等。这些法律是在边沁所倡导的法律改革运动中、在激进主义者的推动下所取得的实质性成果。

　　根据对历史资料的相关梳理，边沁所推动的各种实

---

[1] 浦薛凤：《西洋近代政治思潮》，北京：北京大学出版社，2007 年，第 473 页。

际社会改革措施包括并不限于以下的实际例子①：议会代表制度改革；废除专属特权的市政改革；刑法典改革；废除流放罪，采用监狱规训制度；改革陪审团制度；废除预审程序中的逮捕；用有效的占有和变现债务人财产的手段取代监禁；废除反高利贷法；废除宣誓制度；废除宗教考试以及其他造成宗教不平等的法律；建立由中央管理的统一的济贫法体系；建立培训贫民儿童的制度，将他们从依赖性的社会成员转化成生产性的社会成员；在统一和安全的系统上设立储蓄银行；不以收入为目的的廉价邮资、邮局汇票；完整统一的出生、婚姻和死亡登记；《商船守则》和保护海员的《法典》；人口普查制度；对发明的保护；国家教育制度改革；推动自由贸易；统一而科学的议会法案制定方法；不动产以及契约和交易的总体登记；选票改革；平等的选举区；地方法

---

① 根据以下三个不同资料的不完全汇总：John Hill Burton, Introduction to the Study of the Works of Jeremy Bentham, See The Works of Jeremy Bentham, Vol I. Edinburgh, W. Tait; London, Simpkin, Marshall, & Co. , 1843. p. 3; Ogden, C. K: Jeremy Bentham, 1832 - 1932; being the Bentham Centenary Lecture, delivered in University College, London, on June 6th, 1932; with notes and appendices K. Paul, Trench, Trubner & Co. , Ltd. , 1932, p. 19; Karl Polanyi: The Great Transformation, Farrar & Rinehart 1994, p. 126。

院；公诉人；文官制度；现代监察制度；等等。以上这些改革措施涉及立法、司法、行政管理、监狱、宗教、教育、邮政、银行、社会福利、人口调查、不动产登记等诸多方面。从某种程度上讲，当下我们所享受的许多现代文明成果正是来自当年功利主义原则所推动的社会改革，边沁为现代社会的文明发展作出了不可磨灭的贡献。

我们不能仅将对边沁思想的理解局限于历史维度，还要充分认识其当代意义，特别是对中国社会的现实意义。

功利主义曾经在西方社会发展过程中发挥过重要作用，至今仍是有影响力的思想资源。边沁思想在中国当代社会具有重要的理论价值和实践意义。它所表述的实证主义、科学、民主和公平的理念与中国社会的发展经验和现实需求较为一致。在提高人民生活水平和实现国家经济发展过程中，边沁的理论思想可以为中国社会提供宝贵的思路和方法论。

我们不难发现，中国现实社会生活仍传承了传统的"事功""习行""实学""经世"等诸多观念，关注现实问题和实践效果，类似"实事求是""实践是检验真理唯一标准"这种带有强烈的务实主义特征的思想方法几乎贯穿中国四十多年改革开放全过程；而边沁的思想理论体系基于人性和追求幸福的普遍原则，在关注现实生活的世俗幸福而非来世幸福的理念上与中国社会文化传统较为一致；中国传统政治文化强调以民为中心，重视民众福祉与利益，边沁"最大多数人的最大幸福"理念与中国文化"为民之本"思想同样非常契合。功利主义从追求最大多数人最大幸福出发，提供了平衡个人幸福和社会福祉的框架，这对于维持中国社会和谐至关重要；功利主义政治理论要求政府以最大化整个社会的利益为目标，这与现代中国致力于经济发展、民生改善、解决环境问题、缩小贫富差距的发展方向高度一致。

边沁思想不仅可以帮助解决中国社会的国内问题，也可以为中西文明的交流提供一套话语框架。随着中国在世界范围内的崛起，中国与西方国家在人权问题上的分歧日益增大。而边沁思想从人类福祉的角度，提供了可与当今西方人权理论相抗衡的话语体系。从边沁的哲学本体论、认识论，可以"对自然权利论，进而是人权论进行最具有本质性的批判，将自然的和不受时间限制的权利观念称作'虚骄夸张的胡说'"。斯科菲尔德教授曾指出，对于中西方的人权对话，"边沁会说，更富有成效的对话，应通过功利的话语来开展，而非通过人权的话语——它看起来似乎要么是植根于形而上学，要么是植根于基督教神学。或许，若西方和中国的对话是根据那些利害相关者的福祉来开展，尽管双方可能仍会有深刻的分歧，但至少，这种话语对双方都将是有意义的"[①]。可见极其富有原创性的边沁功利主义思想理论，作为一种有价值的思想资源，对当下中国社会问题的解决、对中国与世界的相互交流和理解极具现实意义，当然，这需要我们不断深入探讨和理解边沁思想。

三

在整理这些讲演时，我们坚持的原则是忠实于斯科菲尔德教授的原意。我们没有完全拘泥于原录音中的句法和措辞，并没有简单地逐句转述原始录音。我们之所以这么做，有以下两点考虑：第一，口语表达与书面语表达在词汇、句法和逻辑上存在差异，简单地直接翻译可能导致表达生硬和理解困难；整理过程中，我们对录音中的口语表达方式和措辞进行了适当的修改和调整，

[①] 菲利普·斯科菲尔德著：《邪恶利益与民主：边沁的功用主义政治宪法思想》，翟小波译，北京：法律出版社，2010年，总序，第3页。

把它们转换为连贯清晰的书面用语。第二，鉴于演讲涉及很多领域的内容，有些内容难免会有重复和误差，我们有责任对相关内容进行必要的复核和整合，以提高其连贯性和清晰度。

参与翻译整理讲座内容的人员分别是：第一讲谢声远；第二讲李青；第三讲晋运峰；第四讲谢声远；第五讲陈力；第六讲邹家圣。此外，陈睿在全书的插图整理和第六讲部分段落的翻译中也协助做了大量的工作。翻译稿完成后，李青完成了全书编辑统稿。翟小波和李青共同完成全书的译校。

以上各位都在各自繁忙的学习或工作之余，花费了大量的时间和精力，参与该书整理翻译工作。正是大家的奉献精神和辛苦劳动，才使得这本书的定稿和出版成为可能。

要特别感谢中国出版集团东方出版中心刘佩英、冯媛的大力支持。她们的专业建议和持续支持使这本书得以及时出版。在此深表谢意！

我们非常希望读者可以从这本书中获益。当您翻阅这本书时，我们也希望您能感受到我们的努力和对这项工作的热爱。

第一讲

边沁的生平、事业与《政府片论》

谢声远　译

非常感谢复旦大学给我这个机会向大家介绍边沁。我现在是在伦敦大学学院（UCL）的办公室，这是一个阳光明媚的伦敦早晨，而我离边沁先生本人也只有两三分钟的路程，他的自圣像（Auto-icon）就陈列在我们大学的学生中心。我在后续的讲座中也会介绍一些关于这个边沁自圣像的情况。我对主持人刚才关于1776年的说法很感兴趣，因为我也听说过一个美国历史学家类似的观点：谈到1776年时，他说那一年有三本伟大的著作出版。第一本正如主持人所说，是亚当·斯密（Adam Smith)的《国富论》（*An Inquiry into the Nature and Causes of the Wealth of Nations*），它为现代经济学奠定了基础；第二本书是曾经非常知名的《罗马帝国衰亡史》（*The History of the Decline and Fall of the Roman Empire*）第一卷，被视为英语世界中伟大的历史书之一。而第三本，在某种意义上让我感到惊讶，居然是边沁的《政府片论》（*A Fragment on Government*）。

因为在当时，这是一部晦涩难懂的作品，销量很少。如果现在你在某个地方的二手书店找到一本，而且价格合适，一定要买下来，因为正版的《政府片论》初版书售价是好几千英镑。我稍后会讨论《政府片论》。首先，我想给大家介绍一下关于边沁本人、边沁研究中心以及边沁研究的背景情况。

一、边沁的著作与边沁研究

边沁（Jeremy Bentham）1748 年出生于伦敦，1832 年在伦敦去世。除了他在牛津大学度过的时间，还有去看望他在俄罗斯的弟弟的二年半时间外，他的大部分时间都是在伦敦度过的。从 1748 年至 1832 年，边沁经历了美国革命、法国大革命及随后的拿破仑战争，还经历了拿破仑在滑铁卢的最终失败。边沁还生活在所谓的工业革命时期。他去世的时候，在利物浦和曼彻斯特这两个北方城市之间，已经出现了载客的蒸汽列车。

1. 边沁研究中心

我是伦敦大学学院边沁研究中心的主任和《边沁全集》的总编。边沁研究中心成立于 1959 年，差不多是六十多年前的事，是为了编辑新版的《边沁全集》而成立的。边沁研究中心的首要任务是完成权威的边沁文本著作的出版。边沁1832年去世时，将他的手稿留给了他的遗稿管理人鲍林（John Bowring）。边沁在遗嘱中留下了经费和指示，嘱咐鲍林编辑出版他的著作。鲍林及其团队于1838—1843年间分11卷编辑出版了《边沁文集》（The Works of Jeremy Bentham），我们将这个版本的边沁著作称为鲍林版。鲍林版这套书多年来仍是大部分边沁著作的标准版本，是阅读边沁著作的标准来源。但这套书的排版并不好，单面双栏，字体非常小，读起来很不舒服，对读者毫无吸引力。特别是对现代读者来说，它缺少足够的注释来解释边沁所提及的观点和事件，更重要的是，不少边沁的作品并没有被收录在这套文集中。早在20世纪30年代，人们已经认识到，鲍林版不能适应现代的学术研究要求，决定采取行动，成立了一个委员会来推动出版边沁著作的新版本。委员会成员包括奥格登（Charles K. Ogden），后面的讲座中会讨论到他，他是一位剑桥大学的哲学家；还包括斯拉法（Piero Sraffa），他以编辑经济学家李嘉图（David Ricardo）的著作知名；也包括政治哲学家哈耶克（Frederick Von Hayek）；委员会中还有其他几位值得敬仰的著名学者。委员会当时已经决定要重新出版边沁著作。但第二次世界大战中断了这一进程，出版项目只取得了很小的进展，当时的整个计划被放弃了。直到20

世纪 50 年代末，新版边沁著作的出版工作才被重新提起。为此，1959 年成立了边沁研究中心，某种程度上这是由哲学家艾耶尔（A. J. Ayer）推动的，他告诉伦敦大学学院的校长：如果学校不能继续编辑出版新版的边沁著作集，他们就应该把边沁的手稿卖给一个能够编辑出版它们的机构。目前伦敦大学学院图书馆里有大约 8 万页边沁的手稿，大英图书馆里可能还有另外 2 万页。鲍林版边沁文集编辑完后，鲍林在 1849 年把这些手稿捐给了伦敦大学学院图书馆，它们今天仍然分散在 170 多个箱子里。在这次系列讲座中，我希望能有机会向大家展示一些边沁手稿的图片。

2. 边沁著作的不同版本

现在的问题是，当我们研究边沁时，既有边沁自己生前印刷或出版的作品，也有从未整理出版的手稿。我想说的是，边沁生前出版了大约 45 或 50 部作品，如篇幅宏大的《司法证据原理》（*Rationale of Judicial Evidence*），该书由穆勒（John Stuart Mill）编辑，年轻的穆勒当时还只有十几岁，大概 18—19 岁，由他编辑出版的这本书居然有 3 300 多页。因此，我们既有多至 3 300 页的《司法证据原理》，也有少至 8 页的小册子，小册子名为《真理与阿什赫斯特》（*Truth versus Ashhurst*），是关于英国法律制度的。虽然很多著作没有《司法证据原理》那么大的篇幅，但就其本身而言也是重要的著作。边沁生前在出版著作后，会将手稿销毁。因此，伦敦大学学院和大英图书馆拥有的 10 万页手稿，是在已印刷和出版的文本之外的，于是就有大量到目前为止未与读者见面的边沁作品仍然是以手稿的形式存在，见图 1。

鲍林版包括了边沁自己已经出版的大部分著作，其中有一些是基于边沁手稿的文本，但这只是少部分。边沁手稿中的文本材料比鲍林版或其他出版文本中的材料多得多。这就是决定重新编辑出版《边沁全集》的原因之一。当然还有其他原因，如鲍林版并没有包括已经出版的边沁的所有著作。鲍林排除了三部边沁关于宗教的主要著作，当时认为出版边沁关于宗教的著作会引起太多争议，于是鲍林就把这些书排除了。这三部著作分别为：第一部《英格兰教会及其教义问答之检讨》（*Church of Englandism and its Catechism Examined*）；第二部《自然宗教对人类世俗幸福的影响的分析》（*Analysis of the Influence of Natural Religion on the Temporal Happiness of Mankind*）；第三部《不是保罗，而是耶稣》（*Not Paul, But Jesus*）。我将在谈论边沁关于宗教问题时详细介绍这些作品。

另一个更重要的原因就是边沁手稿不经过重新编辑

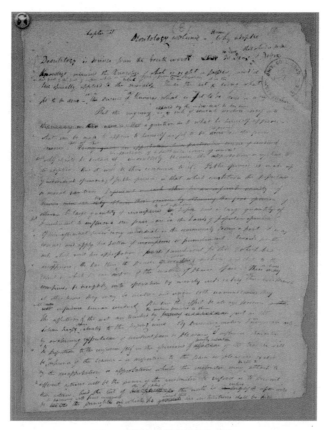

图1　伦敦大学学院藏边沁手稿

出版，读者便无法阅读边沁的这些作品。边沁的文字很
难阅读。我们可以在手稿中看到边沁从1770年代初到
1832年约60年的笔迹，他的笔迹在他年轻的时候还不

算太差，可以辨认。但随着边沁年龄的增长，他的视力越来越差，他的笔迹也变得很难辨认。因此，对边沁手稿的编辑整理并不容易，你首先必须辨认，然后才能重新转写它们。完成转写后遇到的问题是这些文稿甚至还不一定有合理的顺序，比如，你会得到连续的几页，然后它又从另一篇草稿或不同的章节重新开始写作。这些手稿原先都是混在一起的，需要进行相当多的编辑工作。在最终成为可读的文本之前，需要熟练的编辑人员完成大量的细致工作。这是边沁手稿整理中遇到的问题，即无法轻易获得可用的文本。

另外，除了手稿整理和鲍林版的问题外，原先出版的边沁著作还有一个法文版的问题。大约在1789—1790年法国大革命期间，经人介绍，边沁认识了曾在日内瓦大学接受教育的杜蒙（Étienne-Dumont）。杜蒙后来成为边沁著作最著名、最重要的编辑。杜蒙编辑了我们称之为改写版的法文边沁文本。他编辑的第一部作品为 *Traité de legislation civile et pénale*，即《民事和刑事立法理论》（*Theory of Civil and Penal Legislation*），英文通常译为 *Theory of Legislation*，即《立法理论》。这部著作在法律和政治思想方面是很有意义的，是1802年最畅销的作品。杜蒙后来又编辑出版了五部大部头的边沁著作，但全都是法文版。边沁的原始文本一般是英文（虽然边沁曾用法语写过一些材料），杜蒙将边沁的英文文本翻译成简洁而优雅的法文，这样就有了边沁著作的杜蒙版本。而杜蒙的翻译并不是简单的直译，他对边沁的思想进行了提炼，删掉了他不喜欢的内容。因此，我们在研究边沁时就遇到了这样一个问题，虽然边沁的作品是通过杜蒙的法文版而闻名于世的，边沁思想的传播与杜蒙法文版的贡献密切相关，但大家仍要了解，杜蒙的法文版并不是边沁原先的版本，而鲍林版中的部分著作——有一些是很重要的著作——又是将杜蒙的法语文本重译成英语文本的。将边沁的英文文本翻译成法语时，为了抓住边沁的文本要义，杜蒙经常是用法语重写了它。后来重译成英语的杜蒙版本，有的被收录进鲍林版，有的甚至在边沁本人生前出版。例如杜蒙编辑的 *Théorie des peines et des recompenses*，即《惩罚与奖赏理论》，后来被史密斯（Richard Smith）翻译成了英文，并收录在鲍林版中。因此，今天仍被学者们使用的部分著作，实际上是边沁原著法译本的英译本。在不少情况下，我们仍然需要做大量的工作来处理杜蒙的文本来自何处的问题。

鉴于以上原因，我已故的朋友利伯曼（David Lieberman）提出所谓"历史上的边沁"和"真实的边沁"之间的区别，或者说，一般人眼里的边沁和真实的边沁之间的区别。前一个边沁是通过杜蒙的文本而被了解的边沁，即"历史上的边沁"；但我们还有另一个"真实的边沁"。反映"真实的边沁"的作品至少相当一部分直到现在仍然隐藏于不为人知且未被阅读的手稿中，或被埋没在鲍林版中。顺便说一下，那些最初以法文出现的文本后来不仅被翻译成英文，也有被翻译成西班牙语、意大利语、德语和俄语的，它们在西班牙和南美非常受欢迎。于是边沁的著作不仅通过杜蒙的传播在法语及英语世界中为人所知，而且在世界其他地方也得到传播。当然在早期阶段，除了杜蒙的努力外，边沁的原文很少被翻译成其他语言出版。

于是当我们研究边沁时，一直无法回避这样一个问题，就是要知道你所读的边沁著作和边沁原著的关系。我们编纂《边沁全集》的目的是为了尽可能还原真实的边沁，呈现边沁亲手写下的文本。就边沁的版本而言，我们有一个边沁文本的分级制度。首先是边沁本人在他生前发表的文本，我们认为这是权威性的。其次，通过我们整理他的手稿所确定的文本。如我所说，边沁生前自己出版的著作所对应的大部分文本手稿已经被销毁了。目前我们图书馆收藏的手稿材料是除了边沁已出版和已印刷的文本之外的文本。这方面的一个例外是我们现在称为《法学中刑法分支的界限》(*Of the Limits of* the Penal Branch of Jurisprudence）的文本。该书被认为是边沁在法律哲学方面最重要的作品之一。这部作品的手稿被保留下来了，在两次世界大战之间，它被美国学者埃弗雷特（Charles Warren Everett）发现，在经埃弗雷特整理后于 1945 年以 The Limits of Jurisprudence Defined 为名出版。1970 年经哈特（H. L. A. Hart）重新整理后以 Of Laws in General 为名再版。但这两个版本都有一些不足，《边沁全集》根据边沁手稿重新编辑了一个新版本，这是我重新编辑后于 2010 年出版的 Of the Limits of the Penal Branch of Jurisprudence。这只是一个存在于边沁手稿中主要作品的例子。这部著作原先并不为人所知，它被遗忘在手稿中了。

我认为，边沁手稿的研究是一个长期工作，它将一直存在，直到《边沁全集》的整理工作完成。预计我们完成时，新版《边沁全集》会有 80 卷以上，其中边沁的书信集有 14 卷，这些书信构成了《边沁全集》的主干，它们会提示我们边沁在他一生中的某个特定时刻在做什么。《边沁全集》现已经出版了 35 卷，其中包括 12 卷边沁书信集，而在过去的 9—10 个月里，我们一直在编写边沁书信集的最后两卷，这将揭示边沁生命中最后几年的状况，这两卷即将完成，很快会出版。除了 14 卷书信集外，其他都是边沁的著作。我们出版的《边沁全集》是经过整理编辑的连贯文本，而不是手稿的简单复制。

在对边沁的认识理解上，有一个比较普遍的问题是，许多哲学家往往忽视边沁的著作，而对边沁感兴趣的法学家则不那么重视边沁著作的版本。我认为，解决这些问题的关键在于能否获得正确的边沁著作文本。

3. 难读的边沁

除了文本的问题外，边沁的著作仍是很难阅读的，在某种意义上这主要是边沁自己造成的，这应该是他的责任。边沁的英语写作风格独一无二，几乎没有人像边沁那样写作，他的长句、独创的新词及句法结构即使对以英语为母语者来说，也是相当独特和古怪的，所以他的著作读起来非常吃力。如果你试图阅读边沁的文本，当发现它很难读时，你往往并不是唯一有这种感觉的读者；以英语为母语的读者也觉得边沁的著作很难读，甚至和边沁同时代的 18 世纪和 19 世纪初的以英语为母语的人也觉得边沁著作很难读。从边沁当年直到现在，一直都有关于边沁著作有多么难读的一些笑话。但是，这里还有一些哲学上的原因，我会在讨论边沁关于逻辑和语言的著作时多说一些。这也是阅读边沁著作时遇到的另一个困难。

4. 对边沁的评价

还有一个问题是有关边沁的负面评价，这也许主要是由穆勒造成的。在边沁去世后，穆勒分别于 1833 年和 1838 年写了两篇关于边沁的文章。在文章中，他完全否定了边沁作为一个重要哲学家的身份。他认为边沁非常擅长分析，但并不真正了解人性。我认为这些批评非常不公正，实际上，边沁对人性的理解是相当深刻的。但因为这种批评来自穆勒，并且穆勒也是一位著名的功利主义者，所以，这种批评的影响就很大。如果我们把西季威克（W. Sidgwick）也算作古典功利主义者的话，穆勒应该是排在边沁之后的第二位著名功利主义者，西季威克只能是第三位。一般来说，我们有 19 世纪初的边沁，有 19 世纪中叶的约翰·穆勒，然后是 19 世纪末的剑桥哲学家西季威克，三位伟大的古典功利主义者。但由于穆勒否定了边沁，这导致很多人认为，我们可以通过研究穆勒来理解功利主义，而不用去关注边沁的思想。如果你在政治思想史或哲学史课上学习功利主义，你很可能会忽视边沁而仅仅关注穆勒。

如果你对自由主义感兴趣，你有充分的理由去看穆勒的著作《论自由》（*On Liberty*），这是穆勒讨论自由的经典文本。这也是边沁著作的另一个问题，边沁并没有一个相对较短、比较全面地反映边沁思想的经典文本供人们阅读。边沁的著作浩如烟海，重要的思想分散在不同的著作中，所以，一般情况下，把握边沁的思想还是比较困难的。

我认为，对边沁的第一次认同来自英国政治思想史和哲学史学家斯蒂芬（Leslie Stephen）。斯蒂芬是《英国人物传记词典》（*Dictionary of National Biography*）第一任编辑，也是著名英国小说家伍尔夫（Virginia Woolf）的父亲。斯蒂芬曾写了一部三卷本的《英国功利主义者》（*The English Utilitarians*），第一卷写的就是边沁，但这本书的整个文本基础是鲍林版。因此，我认为，第一本关于理解边沁思想的现代作品或对边沁思想的标准解释，实际上是法国历史学家哈莱维（Élie Halévy）的《哲学激进主义的兴起》（*La Formation du radicalisme philosophique*）。这本书 1901 年首次以法语出版，1928 年出版了英文版 *The Growth of Philosophic Radicalism*。我认为，在研究边沁时，哈莱维很重要，据我所知，他是第一个使用边沁手稿的边沁学者。他写作的基础不只是已有的出版物，也包括了边沁手稿。

边沁研究中的一个争论是边沁是不是专制主义者。哈莱维就认为边沁是一个专制主义者。哈莱维的看法是边沁认为立法者最有智慧，他通过立法来促进社会的幸福，而人们的义务就是按照立法者的要求去做，通过这样做，他们会得到幸福。当边沁成为民主主义者时，哈莱维便把边沁界定为支持民主的专制主义者。而把边沁说成是希特勒等独裁者的先驱，就是这种观点的极端版本。这种观点甚至最近又被学者们重申。作为著名法律经济学创始人之一的美国学者波斯纳（Richard A. Posner）就认为，边沁对传统语言及其中蕴含的传统思维习惯的攻击，预示了新话（Newspeak）①、希特勒和苏联媒体对语言的极权主义攻击；他认为，在某种程度上，边沁是希特勒的先驱。另一位学者吉尔（Cathy Gere）在她 2017 年的著作《痛苦、快乐和更大的善》（*Pain*，*Pleasure*，*and the Greater Good*： *From the Panopticon to the Skinner Box and Beyond*）中批评边沁，她将功利主义与极权主义联系起来，认为希特勒德国的法西斯人体实验与二战后美国实行的功利主义医学之间没有本质的道德区别。法国哲学家福柯（Michel Foucault）以一种更微妙的形式提出了这种观点，即把边沁看作是一个反自由主义者。福柯在他著名的《规训与惩罚》（*Discipline and Punish*）中指出，边沁的"圆形监狱"计划，实际上是现代自由社会的反面，它通过

---

① 新话是奥威尔（George Orwell）小说《一九八四》中大洋国的官方语言，旨在通过减省、简化语言对人民的思想进行控制、消灭。

改变监狱里囚犯的行为来改造他们；你可以把边沁看作行为主义者：他会给人们正确的激励，以使他们改变自己行为，以使这些行为符合他们所处的社会的一般规范。因此，圆形监狱是一种手段，虽然是一种改变人们行为的有力手段，但我们不要忘记，圆形监狱仍然是一个监狱。遗憾的是，这也导致了其他人关于边沁是威权主义者的观点，如大卫·曼宁（David Manning）和查尔斯·鲍穆勒（Charles Bahmuller）。

然而，从20世纪80年代开始，一场修正主义运动也在兴起，它把边沁看作自由主义者。因此，在边沁研究中存在着这种有趣的争议，是应该把他看作一个自由主义者还是一个专制主义者，或者我们也可以认为，这些标签都没有完全抓住边沁思想的本质，他实际上或许是某种更有趣的东西。说到这里，边沁被当作自由主义者，这种新思路或许部分受到哈特的启发。哈特可能是20世纪英美世界最著名的法哲学家之一，他非常深入地参与了边沁项目。哈特在1961年出版了他的名著《法律的概念》（The Concept of Law）。此后，他对编辑边沁的文本产生了更大的兴趣。我认为，他研究边沁比研究奥斯丁（John Austin）要深入，他发现边沁是一个比奥斯丁更深刻的思想家。尽管哈特在《法律的概念》中没怎么提边沁，但他在20世纪80年代初出版了一系列研究边沁法律理论的文章，收录于《论边沁》（*Essays on Bentham*）。在《法律的概念》中，哈特研究了奥斯丁；而在《论边沁》中，他研究了边沁。在关于法律理论的论述中，哈特有一些对边沁思想的精彩阐述。另外，波斯特玛（G. J. Postema）在其精彩的《边沁与普通法传统》（*Bentham under Common Law Tradition*）一书中批评了哈特对边沁的批评。还有特温宁（William Twining），他也参加了边沁项目。他是伦敦大学学院的法理学教授。特温宁对边沁关于证据的著作非常感兴趣，也写了专著。我的前任之一罗森（Frederick Rosen）的《边沁和代议制民主》（*Jeremy Bentham and Representative Democracy：A Study of the Constitutional Code*）一书确实试图将边沁放回自由主义传统中；随后是保罗·凯利（Paul Kelly）的《功利主义和分配正义》（*Utilitarianism and Distributive Justice*）一书，在凯利的解释中，边沁看起来有点像穆勒，因为边沁的原则创造了人们可以决定自己人生的条件。在下一次讲座中，我可能会多说说凯利的解释。因此，在边沁研究中，那些将边沁视为专制主义者的人和那些把他视为自由主义者的人之间存在着分裂。从某种意义上说，那些关注边沁有关圆形监狱和贫民救济著作的学者倾向于将边沁视为专制主义者，而那些研究边沁关于民主的后期著作的人则倾向于将他视为一个自由主义者。这也是研究边沁的另一个要点。

5. 边沁著作与其社会背景

边沁直到 84 岁逝世，他经历了欧洲历史上的一些重大事件。这么长的时间里，或许在某些方面他会改变观点，比如政治方面。类似问题的讨论，我们必须考虑到当时的社会背景。这对边沁研究特别重要，我们必须要追问，边沁某一篇文章是为谁写的？他当时为什么要写？这对我们理解该文本具有意义。当我讨论各种文本时，我也会尽量试着说一些关于边沁写这些文本的社会背景。我刚才提到，边沁的论证方式有一个方面是我们必须考虑的。那就是，当边沁试图说服人们相信他的观点时，他在某种意义上把自己放在他们的位置上。他说，好吧，鉴于这些是你的假设，让我们看看这将把我们带到哪里。然后，他会告诉他们，为什么这个立场是不一致的，或者是荒谬的。因此，这就是要思考边沁是为谁而写以及他为什么要这样写的一个原因。

6.《边沁全集》现况

随着《边沁全集》中的各卷的出版，边沁研究进入一个高潮阶段；《边沁全集》目前已经出版了 35 卷。最新的一卷是《圆形监狱、新南威尔士与关于澳大利亚的其他论著》（ *Panopticon Versus New South Wales and*

图 2 《圆形监狱：新南威尔士与关于澳大利亚的其他论著》书影，伦敦大学学院出版社 2022 年出版

Other Writings on Australia），见图 2。我们出版的每一卷都为学术界开辟了一个新领域，这卷可以为澳大利亚对边沁感兴趣的学者服务。它由伦敦大学学院出版社出版，现在可以在网上免费下载。

《边沁全集》最初是由阿斯隆出版社（Athlone Press）出版的，而其中一部分现在由伦敦大学学院出版社（UCL Press）重新出版，并可以从网上免费获取。但《边沁全集》的大部分书原先是由克拉伦登出版社(Clarendon Press)出版的，这家出版社是牛津大学出版社的一个分支，这些书需要付费购买才能阅读。这就是为什么我把《边沁全集》新增的各卷转移到一个开放获取的出版社的原因。因此，未来《边沁全集》新出版的各卷将可以免费阅读。

二、边沁的生平

图 3 是边沁 12 岁的画像，我已经介绍了边沁著作的文本和与边沁研究相关的内容，下面谈一谈边沁的生平，尤其要注意三个事件。

边沁出生在伦敦，先是在威斯敏斯特公学接受教育。该学校目前仍然存在，离英国议会大厦非常近。边沁是一个神童，他 3—4 岁时就能够阅读希腊语和拉丁

图3 1760年的边沁，油画，托马斯·弗莱绘制

语。他 12 岁进入牛津大学，据说是当时进入牛津大学的最年轻的男孩。边沁是被牛津大学王后学院（The Queen's College）录取的，但他并不喜欢牛津，他当时很孤独，在大多数同学都比他大得多的情况下，一个 12 岁的孩子是很难交到很多朋友的。他当时就显得尤其早慧。1760 年也就是他去牛津的第一年，英国国王乔治二世去世，乔治三世登基。牛津大学举办了关于乔治三世登基的拉丁文诗歌比赛，边沁的诗歌名列第二。你可以想象，学校当局可能不敢把第一名给一个 12 岁的孩子，而他或许本应获得第一名，但却屈居第二。

关于边沁与牛津之间发生的重要事件，有两件。一件我将在讨论《政府片论》时谈及。另一件是这样：当边沁 16 岁毕业时，他应该可以拿学位了。当时，要在牛津大学获得学位，你首先必须是一个男性，其次是英国教会的成员。作为英国教会的成员，你必须同意英国教会的 39 条信仰纲要。这 39 条信仰纲要是在 16 世纪制定的，它是英国教会的入教誓词。边沁并不认同这些条款，他认为这些条款是错的。他在《政府片论》中讲到，他当时就去找学院的相关人员理论，但却被告知说，这 39 条信纲是由更聪明的圣人发明或撰写的，像边沁这样的年轻人不应该质疑这些圣人的智慧。边沁没有其他选择，他要么签署他不相信为真的条款，要么不能拿学位而让他的父亲失望。他的父亲耶利米·边沁（Jeremiah Bentham）是一名律师，很早就意识到这个孩子极其聪明，所以他在边沁 12 岁时就把他送到牛津大学，并规定他将来要从事法律工作。他期望年轻的边沁会成为一名伟大的律师，甚至有一天会成为英国首席大法官——那是最高的法律职位。如果边沁不同意这 39 条信纲，拿不到学位，这将妨碍他在要从事的法律事业中取得进步。最后，边沁确实接受了这 39 条信纲，拿到了学位。但他在此后对这件事后悔莫及。他认为他是被迫的，这损害了他的智识品格（intellectual integrity）。有趣的是，一个 16 岁的人何以对 39 条信纲有这样的反对意见？是什么让边沁在 16 岁时成为一个怀疑论者？他父亲是在英国教会教育中长大的，是非常坚定的英国教会信奉者。边沁被送到的威斯敏斯特公学，那是英国教会的主要学校之一。当时的校长（边沁在那里的时候），是后来出任英国教会最高职位的著名的坎特伯雷大主教（Archbishop of Canterbury）。牛津大学以政治上的保守立场而闻名。英国当时存在两种主要的政治派别。比较自由的是辉格党，比较保守的是托利党。托利党更倾向于英国教会和君主制。辉格党更支持贵族制，并有更多的自由主义倾向。牛津大学是托利党的大学。边沁 16 岁时的怀疑论已经足以使他拒绝教会的 39 条信纲。我将在之后的讲座中再来讨论这对边沁的理智发展可能意味着什么。

图 4 1790 年代的边沁，油画

边沁生命中第二个很重要的事件是他的圆形监狱计划。图 4 这幅画像，是大约 40 岁的边沁，此时的边沁正在制订圆形监狱计划并积极推动其实施，这段时期大约是 1789 年至 1790 年。法国大革命在 1789 年爆发，英国人非常担心法国大革命的影响，而 1793 年英国与法国最终开战。边沁认为，他提出的圆形监狱将解决当时英国政府面临的一个难题，即如何处理英国的罪犯。英国罪犯在传统上是被送往美国的。但随着美国革命的爆发，已经不可能再将罪犯送到美国。边沁提出在伦敦建造圆形监狱来管理罪犯，他认为这是解决当时罪犯问题的好办法，同时通过圆形监狱还可以对罪犯进行改造。我将在后面的讲座中详细介绍圆形监狱的相关情况。

在圆形监狱项目上，边沁花费了大约十年的时间和精力，他试图通过议会法案来获得授权，从政府那里获得资金，找到地点建造圆形监狱，但最终未能成功。直到 1803 年，英国政府最终通知边沁，已经决定不建造圆形监狱，这些罪犯将被送往澳大利亚。政府的解决方案中并没有采纳边沁建造圆形监狱的建议。我之前给大家看的《圆形监狱、新南威尔士和关于澳大利亚的论著》这本书就与此段历史相关。

或许正是这件事使边沁陷入了个人危机，他花了许多时间和金钱来推动圆形监狱项目，为此浪费了 10 到 15 年的时间。当他分析为什么圆形监狱项目会被拒绝时，他意识到"邪恶利益"这一概念。所谓统治者的邪恶利益，是一种与广大人民利益相对立的利益。这一发现最终使他确信，唯一能促进最大多数人最大幸福的政府形式是代议制民主。从此，自 1809 年起，边沁开始相信或赞成他所谓"民主的攀升"（democratic ascendancy），即英国的下议院应该由全国所有成年男子通过普选产生，从而成为最高权力机构。不久之后，到了 1818 年前后，他进一步相信，唯一好的政府形式或唯一可能好的政府形式就是共和制。

图 5 是 70 多岁的边沁在 19 世纪 20 年代的一幅画

图 5　1823 年的边沁，版画，载于《欧洲杂志》，1823 年 4 月出版

像，此时，边沁正在创作他最后的重要作品《宪法典》（*Constitutional Code*），这是一幅描述代议制民主的蓝图。

从某种意义上说，可以把边沁的事业生涯分为三个阶段。第一个阶段是边沁专注于法律和法哲学的时期；第二个阶段，他专注于圆形监狱项目和其他计划，旨在帮助英国度过 1790 年代所面临的包括经济危机在内的各种危机；第三个阶段是边沁事业生涯的最后一部分，从 1809 年开始：他首先致力于激进的议会改革，然后是共和主义。

三、《政府片论》

现在，我们来讨论《政府片论》以及边沁事业生涯的另一个节点，即 1769 年。接下来的讲座也将专注于边沁的特定文本，但这些文本的背景需要首先介绍清楚，尽管这可能是一个较长的介绍。前面提到，边沁1763 年在牛津大学毕业，同年他开始在林肯律师学院学习。他要学习法律，旁听法庭案件，研究法律论著，并与执业律师一起工作。其中，1763—1764 年间，边沁曾短暂前往牛津大学听布莱克斯通爵士（Sir William Blackstone)的法律讲座。1769 年，21 岁的边沁获得了律师资格。开始从事法律工作时，他曾遇到客户委托的一个追讨债务的案子。他发现，即使追回了债务，客户也会因为需要向法院和律师支付费用而损失金钱：即使赢了官司，花销也会比他追讨回来的钱更多。所以，边沁建议他的客户不要继续为这个案子打官司。

边沁从他的律师工作中，意识到了当时英国法律体系存在的问题。贯穿边沁著作中的一个主题就是，正义应该是可得的，同时并不昂贵。换言之，每个人都应能够诉诸法律来行使自己的权利，这意味着，法律程序必须快捷有效且成本合理。但英国的法律体系却并没能做到这两点。在 1769 年，他很快决定不再致力于法律实践，而致力于法律改革。他通过撰写大量关于法律改革的文章来推动这种改革，而不是继续从事律师实务。他拒绝成为他认为是完全腐败的法律制度的一分子。

当时关于英国法律理论的权威解释主要来自布莱克斯通，他是牛津大学的首位英国法教授，1758—1766 年担任英国法律界首位英国普通法"维纳"教席的教授。布莱克斯通于 1761 年进入议会，并任王室法律顾问。此后，他成为英国的顶级法官之一，直到 1780 年去世。他在牛津大学的讲课内容被整理为《英国法评论》（*Commentaries on the Laws of England*），1765—1769 年间分 4 卷出版，这本书可能是英国法律史上最重要的书。《英国法评论》在许多年里——大概有一个世纪之久——一直是英国大学的法律教科书。该书出版后产生了巨大的影响，因为它第一次用普通人或受过教育的人或多或少能理解的语言解释了英国法律。

边沁虽然在牛津旁听了布莱克斯通的讲座，但他拒绝接受布莱克斯通所说的大部分内容。当他开始推动法律改革的写作生涯时，他就把布莱克斯通作为自己批判的目标。大家知道，如果你把某个领域的主要著作拿出来批判并证明它是错误的，你就成功了。从某种意义上说，这也是哈特对待奥斯丁的做法。奥斯丁的法理学教科书被认为是法理学的经典。哈特对奥斯丁的理论展开了批判。德沃金（Ronald Dworkin）1967 年发表了著名的《规则模式》（*The Model of Rules*）一文，展开了对哈特理论的批判，后成为哈特教席的继任者。如果你想成为法学界的下一个伟大思想家，你必须提出一个新理论，说明为什么德沃金是错的。我想，这可能是边沁当年反对和批评布莱克斯通的心态。边沁把布莱克斯通的《英国法评论》拿出来批判，并以此建构了自己的著作，他称之为《对评论的评论》（*A Comment on the Commentaries*），目的是对布莱克斯通的《英国法评论》的导言进行批评，为此他写了许多关于这个主题的手稿。边沁希望减少人们对布莱克斯通作为法律理论家的重视。他指出，布莱克斯通的哲学思想是混乱和模糊的，他对现有法律的理解是基于他个人和职业的偏见，而不是基于以公众利益为根据的理性审查，同时，对于法律的性质和功能，有可能存在一种与布莱克斯通完全不同的概念。在边沁研究中心整理出版的《边沁全集》中有一卷边沁的早期作品，*A Comment on the Commentaries and A Fragment on Government*，其中就包括《政府片论》和《对评论的评论》。

《政府片论》是边沁对布莱克斯通批判的一部分，它针对布莱克斯通《英国法评论》第 6 到第 7 页。布莱克斯通在那里提到了政府的形成和体系架构。他说："这会自然地把我们引向对社会和公民政府的性质、属于一国主权——不论主权在哪里——的制定和实施法律的自然且固有权利的简短探讨。"[1] 这是布莱克斯通关于社会和公民政府性质的简单讨论。边沁的《政府片论》在 1776 年出版，这是对布莱克斯通《英国法评论》公开的批判。另外，边沁当时正在与邓克利（Polly

---

[1] "This will naturally lead us into a short enquiry concerning the nature of society and civil government; and the natural, inherent right that belongs to the sovereignty of a state, wherever that sovereignty be lodged, of making and enforcing laws."

Dunkley）谈恋爱，但他父亲不同意他们结婚，于是，他也想通过出版他的著作实现经济上独立，以便能够结婚成家。边沁和他父亲之间总是存在着一种紧张的关系，当边沁决定不从事律师工作时，他父亲拒绝再资助边沁，于是，他只能从母亲那里得到少量的生活津贴。当他母亲去世后，他父亲再婚了，这也让他们的关系更加紧张。边沁原先以匿名的方式出版《政府片论》，他希望这本书会引起轰动，这将使他有足够的钱来养活一个妻子。事实上，这本书并没有卖出很多本。他后来也没有和邓克利结婚，而且一生都没有结婚。这是一个悲伤的故事。

《政府片论》一开始就给了我们一个基本公理：衡量是非对错的标准是最大多数人的最大幸福。这句非常著名的"最大多数人的最大幸福"原则是与边沁密切相关的，我将在下一个讲座中讨论它意味着什么。但奇怪的是，这句话仅仅出现在《政府片论》中：尽管它与边沁密切相关，但它似乎（我说"似乎"，是因为你永远不知道边沁手稿中有什么）在相当长一段时间里从他的著作中消失了，直到他成为一名民主主义者。

在《政府片论》中，边沁说布莱克斯通是改革的敌人，只是一个阐述者。法学史上有一个真正重要的区别，即法律的实然和应然。边沁在《政府片论》序言中指出，可以把对法律问题发表意见的人分为两类：阐述者和审查者。阐述者的任务是向我们说明他认识的法律是什么；审查者的任务则是告诉我们法律应当是怎样的。哈特认为，这就是法律实证主义的起源。我对边沁是否可以被描述为法律实证主义者持怀疑态度。尽管如此，如果说法律实证主义的核心内容之一是区分法律的实然和应然，或区分描述和规定，那么，边沁的确史无前例地明确了这种区别。边沁说，布莱克斯通只是描述了英国的法律是什么，但他做的不仅仅是这些描述，他还为这些法律提供了存在的理由。所以，布莱克斯通的错误在于混淆了阐述者和审查者这两个角色。边沁之所以抨击布莱克斯通，说他是改革的敌人，是因为布莱克斯通有这样一个基本的假设：即法律因为存在，所以是好的。因此，布莱克斯通有一种根深蒂固的保守主义倾向。边沁将这种混淆追溯到一个自然法学说，即布莱克斯通对阿奎那（Thomas Aquinas）的一个观点的解释，即如果一个法律不是好的，那么它就不是法律。因此，如果一项所谓的法律，不符合某些道德标准，那么它就不能算作法律。边沁指出，这正是无政府主义的秘诀：因为如果你让每个人决定什么是法律，什么不是法律，那么权威就会消失，每个人都会自己来决定是否要遵守法律；另一方面，你可以采取保守主义者的立场——这也是布莱克斯通所做的，即因为某些东西是法律，所以它是好的。在边沁看来，布莱克斯通的错误是混淆了阐述者和审查者的角色，并且采用了错误的道德理论。这个错误的道德理论就是自然法。我将在以后的讲座中讨论边沁对自然法的反对意见以及他对自然权利的看法。自然法的主要问题是没有人知道它是什么，自然法并没有权威的来源，你可以说它是上帝的法律，但你怎么知道上帝的想法？如果每个人都为自己制定自然法，就会导致无政府状态；但像布莱克斯通那样，则会陷入保守主义：说这是法律，所以它一定是好的。布莱克斯通，正如边沁指责的那样，就成了改革的敌人。布莱克斯通在《英国法评论》中使用过这样一句话，即万物是其所应是：如果它存在，它就是好的。而边沁则说，功利原则是评估一项法律、一种实践、一个机构是好是坏的标准：它们是促进了社会的幸福，还是减少了社会的幸福？也就是说，功利原则而非自然法才是判断任何法律、实践和制度的正确和适当的标准。

　　另一个问题是政府的起源。布莱克斯通说，政府起源于一份契约。虽然社会契约有多种形式，但布莱克斯通所说的契约是国王或统治者与臣民之间的契约。统治者据此作出了某些承诺，同意按照某种方式进行统治；只要统治者继续遵守契约，臣民就承诺服从统治。在经典的社会契约论中，有一个自然状态的概念。这个想法是，个体在无政府状态下是完全自由的。但这种状态有一些不便之处，例如，有些人会对其他人采取恶意行为，毕竟人类不是天使。所以，这决定了需要某种形式的权威，以惩罚那些错误的行为，或通过提供救济来保护人们的权利。因此，存在一个从自然状态到社会状态的过渡，统治者被任命，并承诺确保个人的某些自然权利，个人承诺服从统治者，只要统治者继续维持和保护这些权利。边沁说，这些都是毫无意义的胡说八道：不存在绝对的自然状态或绝对的社会状态。事实上，它们是共存的。边沁认为，在真实的社会状态中，有一些人对其他人习惯性地服从，这是一种政治社会状态。还有一种自然社会状态，人们彼此交谈和沟通，但没有服从：比如当你和朋友一起聊天、喝咖啡，那么你就处于自然社会状态。当你服从警察的时候，由于警察具有来自政府的权威，那么你就处于政治社会状态。这些状态是共存的，并没有从一个过渡到另外一个的说法，社会的任何状态都是一种混合的状态。边沁首先抛弃了社会契约的理念，他说根本不存在这种过渡。

其次，他认为，社会可能是从家庭演变而来的，这是休谟（David Hume）为批判社会契约论而提出的著名观点。我认为，是休谟影响了边沁，所以边沁采用了类似的观点，即社会是随着时间的推移而发展的，也许从一个家庭开始，也许从一个小社区开始，人们服从于特定的统治者，并继续发展。

边沁提出的第三个观点是关于承诺的性质。他认为，承诺没有固有的价值：只有在遵守承诺能促进功利时，你才需要遵守承诺。如果遵守承诺实际上减少了功利，那么你就应该取消承诺。因此，当涉及统治者和臣民间的关系时，臣民服从国王、国王保护社会利益的承诺是空洞无效的。承诺本身并没有任何价值。那么，应根据什么来判断统治者的行为？边沁说，应该根据功利来判断他们是否以促进社会幸福的方式行事。如果是，那么服从他们就是正确的；如果他们没有促进社会幸福，反对他们就是正确的。边沁提出了一个反抗起点（The Junction of Resistance）的理念。在《政府片论》中，边沁是这样说的：为什么人们应该服从？他说，只要服从的可能弊害小于抵抗的可能弊害，人们就应该服从。只要政府在促进社会的福利，那么服从它就是正确的。但是，如果政府不促进社会福利，实际上以伤害社会利益的方式在运行；而且如果你确信你可以得到一个更好的政府（这也是边沁论证的一个关键部分），你知道其他人会和你一起行动，那么你就到了反抗的起点。值得注意的是，边沁写《政府片论》时，正值美国人宣布美国从英国独立，因此《政府片论》不仅仅是对布莱克斯通及其《英国法评论》的批判，而且也是对美国革命论辩的贡献。边沁没有公开在那场论辩中站队，而是为人们如何确定美国的反抗是否合理制定了一套原则，这是对《政府片论》的另一种解读方式。《政府片论》不仅仅是对布莱克斯通的批判，边沁在其中也提出了他自己的一些重要论点。其中一些论点与主权有关，我将在关于边沁的法学理论的演讲中讨论它们。

关于《政府片论》，最后一点是边沁对法律的自然安排和专业安排的区分。边沁认为，英国法是按照专业安排的方法来组织的，这种安排必然是混乱的、不能令人满意的。专业安排是只有做过专门研究的人才能理解的安排。这是一种技艺，是一种人为安排。举个例子，英国刑法中的罪行被分为几类，其中包括叛国罪、重罪和轻罪。在这三个主要类别中，叛国罪被认为是最恶的，重罪是相当恶的，轻罪是小恶。但边沁说，单纯看这些罪名，你无法理解这些罪行是什么，除非有人特别地给你作出解释。有些我们认为是相当轻微的罪行却被认为是重罪，被判处死刑。所以，边沁说，这种专业安排应该被自然安排所取代，而自然安排就是根据人们普遍倾向于关注的那些属性来命名和整理法律，即一个行动所造成的伤害。如果一个行为造成了伤害，那么它就应该被归为犯罪，就应该制定法律来惩罚犯有该罪行的人。边沁说，通过自然安排，你可以把法律安排得连贯一致。当讨论边沁的惩罚理论时，我们将看到他是如何做到这一点的。如果一个行为没有造成伤害，那么它就不应该被确定为犯罪，而在专业安排下，你可以把任何你憎恨的行为都确定为犯罪，并来惩罚这些行为。例如，他在《政府片论》中使用的例子是反自然的罪行，换言之即同性恋。如果人们不愿意，他们就不会开展同性恋。但只要它对双方来说都是快乐的，它就不是犯罪。然而，对布莱克斯通来说，违反自然的罪行是比强奸更严重的罪行。

好了，我想我就讲到这里，非常感谢你们的倾听。如果有任何问题，我很乐意回答。

四、问答环节

问：谢谢教授，我从您的讲座中受益匪浅，您的讲座信息量很大。我的问题是关于边沁的一个非常私人的问题。边沁至少经历了两段爱情，第一段差点让他迈入婚姻的殿堂。但在他的一生中，他一直保持着单身。我不知道他为什么要一辈子保持单身？

答：这是一个非常有趣的问题，也是一个很难回答的问题。大约在1805年，边沁又求了一次婚，但被拒绝了。这次对象是一位年轻的贵族女士，边沁在早年就认识她了。我们甚至不知道边沁是否与男性或女性有过任何亲密关系。边沁一生没有什么丑闻，没人谈论过边沁有情妇或与其他人有性关系。所以，可能只是他非常害羞，而且总的来说，他更喜欢过单身生活。如果他结婚的话，可能无法继续他自己的生活方式。我们从边沁的一些客人的记录中知道不少关于边沁晚年居家生活的情况。这些客人记录了他们见到边沁时发生的事情。

1792年，边沁从他父亲那里继承了位于伦敦市中心威斯敏斯特的一所大房子，房子还有一个巨大的花园。根据一项记录，边沁养成了一种习惯，即早上工作，午餐后在花园里散步，进行一些锻炼，然后他在下午回去工作；在晚上7点15分，他吃晚饭，还招待一位客人，加上他的两个秘书，一起与他的客人交谈，直到晚上11点左右，然后他将睡觉。因此，如果他日复一日、年复一年地遵循这个惯例，说实话，我看不出哪个妻子能忍受这种生活。当1805年福克斯（Caroline Fox）女士拒绝他时，她做的是非常正确的。边沁的确是个单身汉，这也是非常令人惊讶的，考虑到他写了很多关于性道德的著作，我将在后面的讲座中谈及这些。

问："诺言因为是诺言而被遵守"是一种很普遍的社会实践，边沁有没有讨论到这种社会实践的功利或效益？

答：这是一个非常有趣的问题。在《政府片论》中，边沁说只有当承诺具有功利时，你才应该遵守它。在近代，有一个版本的功利主义被称为规则功利主义。根据规则功利主义，你需要服从那些更有利于促进最大幸福的规则，如遵守承诺。总的来说，让人们信守承诺是更好的，这也是信守承诺的一个理由，即使某个特定的承诺导致了所谓的损害。因此，有一个问题常常被问道：边沁是规则功利主义者，还是行为功利主义者？或者说，你是根据每个特定行为的功利性还是根据某个行为对某个具有功利性的规则的符合性来判断该行动是否增进功利？总之，行为功利主义是根据行为来判断，而规则功利主义是根据一般规则来判断。你可能会说边沁不是一个行为功利主义者，的确我也看到边沁的一些文本说应该遵守承诺：即使有时遵守承诺会导致功利的减少，但由于遵守承诺总体上是有益的，我们在这种情况下也应该遵守承诺；只有遵守承诺会导致大规模的损害时，我们才应该违背承诺。实际上，我不认为边沁是这么认为的。我想，边沁认为，每一个承诺都应该根据其功利性来评价。我最近改变了我的想法，因为就在上周，我读了边沁关于立法的一个手稿。在谈到权威的概念时，他说，你要根据每条法律本身的优点来判断它，你不能因为它是一条法律就接受它。因此，我认为，同样的道理也适用于承诺。我想，这是边沁的观点，即你根据每一个承诺本身的优点来决定是否遵守它。因为一个承诺是承诺便遵守它——这种做法是违反边沁的功利主义的。

问：关于《政府片论》，在对这本书的介绍中有提到，《政府片论》因为匿名出版，起初产生某种轰动效应。但后来边沁的父亲透露了作者是他的儿子，这种效应就消失了。我想知道，是否是这样的情况？而且有人说，边沁的一些文章是由他的助手写的，而不是他自己写的。是否存在这样的问题？即他的一些文章不是真正由他自己写的，而是由了解他想法的助手写的？

答：好的，第一个问题，由于时间关系我之前没有说。就《政府片论》而言，我的意思是，边沁在1823年的第二版中告诉我们，《政府片论》第一次出版时，它确实引起了……好吧，轰动可能说得太重了，但人们对它很感兴趣。很多人在猜测作者是谁。很多如雷贯耳的大律师的名字都被提及。但正如我所说的，尽管边沁和他父亲关系不融洽，但边沁的父亲也为边沁出书感到非常自豪。他让人们知道边沁是作者，但当人们知道边沁这位作者是一个不起眼的律师时，就没有人再对这本书感兴趣了。因此，这本书不可能卖出很多本。一般来说，在那个时代，一本书的印数可能是 250 到 500 本。这本书没有再版，所以我想印数最多只有 500 本，可能比这还少。这就是为什么如果你现在找到一本当年的书，其价值大约有 10 000 英镑。第二个问题，关于有助手协助撰写边沁文章的传闻。如果我们认为，边沁本人没有撰写自己的著作，那就完全错了。事实可能是，他的某些作品仅仅是由边沁所说的他的"门徒"（disciples）编辑的。尽管边沁本人是反宗教的，但他喜欢使用宗教比喻。关于门徒帮助编辑边沁的著作，举个例子，有一本叫作《谬误集》（*The Book of Fallacies*）的书，首先由杜蒙根据边沁的文本编辑后于 1816 年以法语出版。然后，律师兼法学家宾汉（Peregrine Bingham）根据边沁手稿编辑的英文版于 1824 年出版。关于《谬误集》，我们有手稿，我们可以还原原文，这就是我对《谬误集》所做的工作；它现在在经重新编辑后已经收录于《边沁全集》中了，这应该正是边沁自己所希望的。但是，还是有一些被编辑过的书，我们并不能找到当年边沁的手稿。其中一个例子是穆勒编辑的《司法证据原理》，该文本所依据的手稿似乎已被销毁，而实际上大约有 2 000 页的边沁文稿穆勒并没有采用。

从这个意义上说，边沁已经出版的著作存在着潜在的文本问题，甚至包括那些即便是由边沁门徒编辑的著作。这些问题中的一部分我们能够解决或已经解决，而另外一部分，我们永远无法解决，因为相关的手稿已经不存在了。但如果有人说边沁自己没有写过这些作品，这肯定是错误的。

问：边沁的功利概念与前后时代作家的概念有何异同？

答：这是一个有趣的大问题，我们确实需要在功利主义史上做更多的工作。简单地说，在边沁的时代，功利主义有两种流派。一种是边沁的功利主义，可以被简要地称为科学功利主义或古典功利主义，另一种流派是神学功利主义。神学功利主义的代表是佩利（William Paley），他是剑桥大学的学者和英国教会的牧师。这两种功利主义的基本区别与上帝有关。佩利指出，上帝是一个功利的上帝，上帝的希望和意愿是他的造物的幸福。这种观点基于一种自然神论：你观察世界，发现它的目的是快乐，因此得出结论，上帝是一个功利主义者。对佩利来说，如果你的行为在今世促进了功利，你就会得到回报，进入天堂；如果你在今世促进了痛苦，你就会受到上帝的惩罚，进入地狱。然而，边沁并不依靠宗教来实施道德义务，这就是边沁的功利主义与神学功利主义之间的区别。穆勒跟随边沁，拒绝了上帝的概念；第三位伟大的功利主义者西季威克，则想把上帝重新带入我们的思考领域。这是一个关于功利主义者和上帝之间关系的有趣且复杂的故事。简而言之，在 18 和 19 世纪有两派功利主义，神学功利主义和边沁的科学或古典功利主义。当大学建立起不同的学科时，功利主义在经济学中变得有影响力。但在公共政策中，或在医疗伦理学或哲学中，我认为，功利主义者仍然是少数派。

第二讲

功利原理及其从属性原则：

生存、富裕、安全、平等

李青　译

一、功利原理

1.《道德与立法原理导论》的背景

今天，我将重点讨论边沁功利原理及其从属性原则：生存、富裕、安全、平等。周一我们已经讨论了边沁出版的第一部重要作品，即 1776 年出版的《政府片论》。我们也解释了这本书是边沁一个"大项目"的组成部分。《政府片论》抨击了布莱克斯通的《英国法评论》，布莱克斯通这本书当时是解释英国法律的主要文本，布莱克斯通也由此迅速确立了自己的权威。边沁也许希望通过《政府片论》抨击布莱克斯通来为自己扬名立万，通过发表对他那个时代主要法律专家的"毁灭性"抨击来完成他的"大项目"。我们可以看到，这确实是边沁 18 世纪 70—80 年代的主要工作。这个大项目就是制订一个他称之为全面刑法典的计划，尽管这是一个他从未完成但也从未放弃的项目。

边沁的职业生涯可以分为三个阶段。1789 年法国大革命前是第一个阶段，边沁主要聚焦于法律和法哲学，专注于编写一部完整的刑法典；第二个阶段是从法国大革命爆发到大约 1803 年，边沁的事业主要是试图在伦敦建造一座圆形监狱；第三个阶段是他对政治激进主义和代议制民主的提倡和推动。

在 1770 年代至 1780 年代，边沁更关心的是起草一部在各种形式政府下都可以实行的刑法典。他认为，这部刑法典可以在任何形式的政府下实行，这一点很重要。在他晚年生涯中，当他成为一位民主的倡导者时，他认为，功利主义改革唯有通过民主政府才能实现。但在 1770 年至 1780 年间，他就尝试通过各种形式的政府去完成这项工作。边沁认为，向俄罗斯凯瑟琳皇后这样的人展示他的刑法典，她会意识到刑法典的效用，这将有利于她所统治的国家，她就会引进刑法典，凯瑟琳会将他看作一个哲学家。但边沁实际上并没有见到凯瑟琳。边沁也想成为那些统治各自国家的议员们的顾问，此时边沁没有将自己作为一名政治改革者，而只是作为一名法律改革者。他有充分的理由这么认为，君主制国家应该对某种形式的法律改革感兴趣并有所承诺。边沁自认为可以在自由主义的方向上帮助统治者们改进法律体系，他们只是需要被告知如何解决这个问题。边沁认为这只是一个智识上的问题，并不是什么道德上的问题。从现实主义的角度看，并不是他们没有兴趣促进社会的福利，他们也愿意思考怎么做，但他们只是不懂、不知道该如何去做法律制度改革。边沁将为他们提供智识上的帮助。

在这一努力的过程中，边沁受到意大利法哲学家切萨雷·贝卡利亚（Cesare Beccaria）的极大影响。贝卡利亚写了一本著名的小册子《论犯罪与刑罚》，这是一本关于刑法改革的著名作品。在 18 世纪 60 年代，当边沁还是非常年轻的时候，他就读了这本书，并受到很大影响。从某种意义上说，边沁对贝卡利亚的思想进行了系统化处理，并将贝卡利亚的许多想法引入了功利主义的框架中。边沁认为，功利主义框架比贝卡利亚自己的框架更加使得法律制度改革思路连贯一致。

今天重点介绍《道德与立法原理导论》（*An Introduction to the Principles of Morals and Legislation*），这本书可简称为 IPML，它可能是边沁最著名的作品。但读过边沁这部作品的人，往往都只是读了这本书的前五章。这本书写于 18 世纪 70 年代，时间是在《政府片论》出版之后不久，但鉴于 18 世纪 70 年代边沁的思想一直在发展，1780 年边沁才同意将其印刷为小型本，1789 年才正式出版发表。印刷和出版之间的区别是什么？这很简单，当我们说一件作品是印刷品时，就意味着它是被打字印刷出来了，可以将其分发给您的朋友或您希望分发给的人。当一件作品出版发行时，这意味着它可以被出售给公众。边沁在 1780 年就印刷了 IPML，但直到 1789 年才出版。

一些人认为，边沁出版这本书是为了回应佩利的作品。佩利是神学功利主义的代表人物，他的主要著作是 1785 年出版的《道德和政治哲学原则》(*The Principles of Moral and Political Philosophy*)。

1785 年至 1787 年，边沁去俄国探望他的弟弟塞缪尔(Samuel Bentham)，他可能原本希望将自己的刑法典呈现给俄国皇后凯瑟琳，这个想法并不完全是幻想，因为他弟弟塞缪尔当时在为俄罗斯一个大贵族波特金王子(Prince Potemkin)工作，塞缪尔工作的地方在赫尔松附近，这是乌克兰南部的一个城市，就是今天俄乌打仗的地方。凯瑟琳皇后曾访问了当时属于俄罗斯的这个地方，在赫尔松的人是有机会见到凯瑟琳的，但边沁没有见到凯瑟琳，他有可能是没有准备好，也可能是有点害羞，总之他失去了这个机会。

让我们回到边沁《道德与立法原理导论》的出版。佩利于 1785 年出版了《道德和政治哲学原则》，这本书立即成为剑桥大学道德和政治哲学的教科书，并持续了

50年。事实上，当时成为功利主义者的许多人，他们首先接触到的是佩利的著作，而不是边沁的思想。边沁的朋友告诉边沁，他真的必须出版自己的《道德与立法原理导论》，如果他不出版这本书，那么他可能会被认为是在偷窃别人的想法。这是因为，边沁的观点和佩利的观点看上去非常相似，有关边沁偷窃佩利思想的想法在表面上看是很合理的，因为两者关于功利原则的结论观点非常类似。但正如我在周一提到的那样，两者实际上本质是不一样的。佩利认为上帝是道德义务的来源，人们之所以愿意接受功利原则，是因为上帝命令我们这样做。佩利认为，道德就是"在服从神的意志的条件下，为追求永久幸福而对人类行善"。而边沁并不相信上帝的存在。在适当的时候，我会就边沁关于上帝的观点展开讨论。边沁是一个独立的思想家，当然不是佩利的门徒。边沁1780年就完成《道德与立法原理导论》的写作并印刷了它，而这在佩利的书出版之前。据我所知，佩利和边沁都是独立地发展了他们自己的功利主义理论。这是政治思想史上的一个有趣的问题。因此，我们需要更多地了解英国18世纪功利主义的历史，尤其是功利主义是如何产生的。这是一个非常重要，但研究并不够充分的课题。著名政治思想史学家波科克（John Pocock）曾经这样评论过，边沁看起来就像是来自另一个星球的生物，不知道边沁是从哪里来的。我的答案是，来自法国的启蒙运动和激进主义，或者说法国启蒙运动的激进一面。关于这一点，在适当的时候，我将会给出更多的解释。

今天讨论的第一个主要文本是《道德与立法原理导论》；也会简要地介绍另一部名为《行动源泉表》（*A table of the Springs of Action*）的著作，这部作品是在1817年出版的。当边沁在世时，这些著作从未被出版，后来鲍林将它们收录于《边沁文集》中，如被鲍林命名为《本体论》（*Ontology*）的作品。将《道德与立法原理导论》和《行动源泉表》综合在一起讨论，会让我们对边沁及功利主义有更全面的了解。哈莱维说，尽管这些作品的写作时间相隔多年，但边沁关于心理学的基本观点及功利原则的观点保持未变，当然这中间会有一些修改，并有大量的应用。边沁在1770—1780年代提出功利原则时的想法与他在1810—1820年代的思想是一致的，这点很重要。《道德与立法原理导论》于1789年首次出版，在1823年出版了第二版，但边沁仍坚持他在1780年至1789年提出的观点。当然，他补充了一些更正，更确切地说，最有意义或者说是最重要的更正是如何描述功利原则的含义。边沁注意到了utility这个词并没有抓住他的理论的本质。我从我的中国同事那里了解到，要找到一个恰当的中文词来翻译 utilitarianism 是很困难的。中文里的功利主义似乎并不是英语中的这个词的内涵的理想表达。因为一般来说，当人们在中国谈及什么东西是功利的时候，总是有些负面、不那么高尚、在某些方面令人不愉快的联想。边沁则认为将功利（utility）与不愉快联系在一起是相互矛盾的。因为正如我们将看到的，功利的全部内容是为了促进快乐。因此，到 1823 年，边沁决定，功利主义原则不应被称为功利原则，而是最大幸福原则。因为幸福就抓住了这个理论的要点，边沁的这个理论当然是为了促进最大幸福。

关于边沁在其著作《道德与立法原理导论》中描述的功利原则：如果你愿意的话，我可以从现代哲学范畴给你一个大致的介绍。功利主义是一种后果主义学说，它关注行动的结果。一个人采取行动的原因并不重要，重要的是行动的结果是什么。功利主义以善（goodness）来定义正当。因此，功利主义指出了什么是"善"。这里的善就是要采取正确和适当的行动并带来好的结果。这与现在所说的"道义论"形成了对比，如康德的理论，其中关于正当的定义是独立于善的。道义论并不考虑所采取行动得到的结果。有趣的是，道义论的这个词 deontology 似乎是由边沁发明的，取自古希腊语，意思是研究本体论或正当行动的属性。

作为一种后果主义理论，古典功利主义思想与边沁、约翰·穆勒和西季威克的贡献非常相关，也称为享乐主义（hedonism）。换句话说，善的定义是快乐。这意味着什么？我们希望得到更多快乐，或者更多幸福。幸福被理解为快乐大于痛苦。所以用边沁的术语来说，正确的行动是最大化或产生最大快乐的行动，或者是最小化痛苦的行动。因此，古典功利主义是一种享乐主义的理论。我们认为一切称为善的行为，归根结底都与"快乐"的概念有关。一切称为恶或错误的行为，都和痛苦有关。我将解释如何理解痛苦、快乐与道德之间的关系。

2. 边沁的"自然"

这是《道德与立法原理导论》第一章第一段的内容，见图6。

边沁开篇就说："自然把人类置于两位主公——快乐和痛苦——的主宰之下。只有它们才指出（point out）我们应当干什么，决定（determine）我们将要干什么。是非标准，因果联系，俱由其定夺。"

我先暂停一下，讨论一下"自然"这个词：在英语中，这是一个具有多重含义的单词，有些意思是相互矛盾的。我想这大概就是边沁选择这个词的原因。我们要

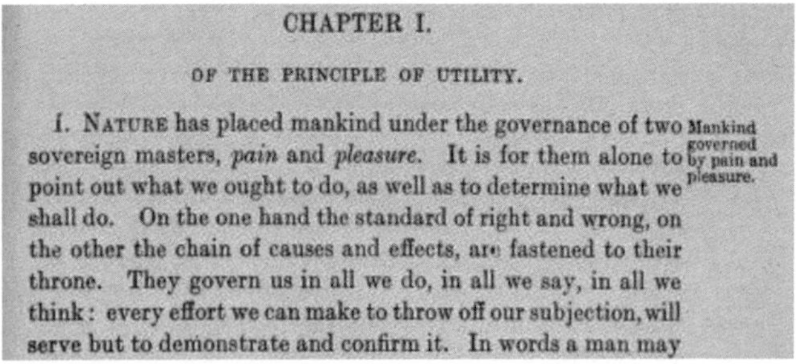

CHAPTER I.

OF THE PRINCIPLE OF UTILITY.

1. NATURE has placed mankind under the governance of two Mankind
sovereign masters, *pain* and *pleasure*. It is for them alone to governed
point out what we ought to do, as well as to determine what we by pain and
pleasure.
shall do. On the one hand the standard of right and wrong, on
the other the chain of causes and effects, are fastened to their
throne. They govern us in all we do, in all we say, in all we
think: every effort we can make to throw off our subjection, will
serve but to demonstrate and confirm it. In words a man may

图 6 《道德与立法原理导论》，伦敦阿特龙出版社 1970
年出版，第 11 页

想到他写作这本书的时间：当时，为了"受人尊敬"，
你必须是基督徒，而且在英国，你最好至少是教会的成
员，根据佩利所表达的标准神学观点，是上帝创造了世
界。这是《圣经》在《创世纪》中所说的。所以边沁就
这样通过诉诸自然让读者想到上帝，因为他的绝大部分
读者都有某种形式的基督教信仰。然而，边沁应该有另
一种解释自然的方式，我认为这是边沁的真正观点，即
自然就是事物的本来面目，它只是宇宙的物理结构。我
们将在后面的讨论中看到，边沁认为，所有关于上帝或
超自然的言论都是胡说八道，没有任何意义。对边沁而
言，这里的自然表示人体生理学，只是我们的身体碰巧
是以这样的方式工作。当然，当时边沁并没有进化论的
知识。达尔文是在边沁之后出现的，边沁并不知道进化

论。他的观点是，有些事情我们只是不知道答案，但如果想知道原因的话，我们要进行本质上的研究，这就是我们的方法。边沁的心理学本身似乎牢牢地依赖于生理学。这就是边沁所说的自然：人类是由痛苦和快乐所支配的。他在这里说，自然告诉我们应该做什么，并决定我们会做什么。当他说自然决定我们将要做什么时，是指我们的动机或心理。为什么我们实际上这么行为而不那么行为呢？因为我们渴望痛苦吗？不，是我们渴望得到快乐并厌恶痛苦。边沁还说，我们应该做什么建立在痛苦和快乐这个基础上。心理学正是建立在痛苦和快乐之上的，但伦理学也是如此。你可以看到，这是一种自然主义或唯物主义的伦理理论。

他接着说，我们所做、所说、所想的一切都受这两位主公的管理。我们所做的要摆脱这种管理的一切努力都将证明和确认我们对它们的臣服。这是无法逃避的。边沁说，功利原则承认这种服从，并将其视为该体系的基础；其目的是要通过理性或法律的手，建造福乐的大厦。因此，功利原则的目的是让人们更快乐。但在第一段末尾，他说，譬喻和雄辩之辞用得够多了：伦理科学并非靠此类手段可以改进。对于边沁来说，所有人类，事实上，所有的有生命的生物，都是由对快乐的渴望和对痛苦的厌恶驱动的。我们做决定时，会考虑这个决定会不会比其他行动给我们带来更大的快乐。在边沁看来，这适用于最琐碎的行为到最复杂的行为，无论你决定做什么。举例来说，无论你是决定要吃什么午餐，比方说，是火腿三明治还是金枪鱼三明治，当你决定哪一种食物会给你带来更多的快乐时，你可能会考虑到不同食物各自的相关费用、营养和味道，等等，并做出相应的决定。根据决定的相同基础，你可能会决定如何选择大学的课程，甚至与哪个人结婚。琐碎和重大的决定都是基于对快乐的渴望和对痛苦的厌恶。

3.《行动源泉表》: 中性的术语

边沁在《行动源泉表》中将我们的动机划分为 14 类，我可以给大家展示这个表，这是一个明确的清单，这是他当时可以想到的最好的清单了，列举了各种各样的快乐和痛苦，对应各种不同的动机。

图 7 是关于描述味觉的愉悦和痛苦的内容，换句话说就是食物的味道。他谈到了相应的动机，他给这些动机命名，而且这些名字都是中性的。这里，边沁提出一个重要观点，即很多术语本身往往表示赞同或者不赞同，比如说，如果你把味觉的快乐命名为贪吃，这样意味着，你在谴责这种快乐。边沁建议的做法是采用中性术语，如饥饿，当我们说某人饥饿时，我们只是在描述一种状态。第二个例子涉及描述性欲的快乐和痛苦；对

No. I. PLEASURES AND PAINS,
—*of the* TASTE—*the* PALATE—*the Alimentary Canal*—*of* INTOXICATION.

Corresponding Interest, *Interest of the* PALATE—*Interest of the* BOTTLE.

Corresponding *MOTIVES*—*with* NAMES,

—I. NEUTRAL: viz.	—II. EULOGISTIC: viz.	—III. DYSLOGISTIC: viz.	
1. Hunger.	*Proper, none.*	1. Gluttony.	cramming, stuffing, devouring, gorman-
2. Need of food.	——	2. Gulosity.	dizing, guttling, &c.
3. Want of food.	*Improper.*	3. Voracity.	
4. Desire of food.	1. Love of the plea-	4. Voraciousness.	10. Drunkenness.
5. Fear of hunger.	sures of the so-	5. Greediness.	11. Ebriety.
	cial board, or glass	6. Ravenousness.	12. Intoxication.
6. Thirst.	—of good cheer—		13. Sottishness.
7. Drought.	of good living—of	7. Liquorishness.	——
	the good goddess—	8. Daintiness.	Love, &c. (*as per Col.* 3)
8. Need, want, desire	of the jolly god, &c.		of &c. drink, liquor-
—of the means of		Love, appetite, crav-	drinking, tippling, top-
quenching, relieving,		ing, hankering, pro-	ing, boosing, guzzling,
abating, &c. thirst.		pensity, eagerness,	swilling, soaking, sot-
		passion, rage—of,	ting, carousing—jun-
9. Inanition.		for, to, and after-	ketting, revelling, &c.

图7　《义务论、行动源泉表和论功利主义》，克兰登出版社 1983 年
出版，第 79 页

这种感官的愉悦，采用肉欲和放荡这些词语就是贬义的、谴责性的术语。这方面中立的术语，可以说"身体的需求"。

4. 痛苦与快乐的计算

边沁也谈到利益的概念，这是一个重要的概念。当我们认为某一特定的事物状态或行动会给我们带来快乐时，我们会说，我们对该行动或状态有利益。当我们说这个行动是正确的时候，这意味着它产生了更多的快乐，而不是痛苦。当我们谈论这个行动是错误的时候，这意味着它产生的痛苦多于快乐。前者是一个善的行动，后者是一种有害的行动。另外，根据边沁本体论的

观点，诸如神、上帝、原罪等这些术语毫无意义，除非它们与痛苦的概念有关。

当我们认识到我们对某个行为或事态有利益时，我们就会有一种动机，此时便会有一个意志；只有在意志与权力或能力（power）结合的情况下，才会有行动。我们的行动或许是一个错误，比如你选修哲学或政治学可能就是个错误，你来听这个讲座甚至是一个更大的错误。事实上，我们常常在计算一个行动是否会给我们带来快乐，但这并不意味着我们会得到正确的计算结果。那么，如何进行这种计算呢？这涉及快乐和痛苦的要素，这是边沁思想一个重要的方面。《道德与立法原理导论》第四章讨论如何估算快乐和痛苦的值。如果要决定我们更喜欢采取哪种行动，我们必须问哪种行动会给我们带来更多的快乐或不快乐。边沁认为，我们在很多时候根据习惯行事。如果你周二晚上经常去看电影，是什么电影似乎不重要；下周二和之后的周二就去影院了。你只是基于习惯去做。但后来你可能会想：去看这个特定时间的电影是个好主意吗？还是我宁愿做其他事情？所以，我们就开始重新评估我们的选择。在某种意义上，这似乎是一种本能。但对边沁来说，当我们在作出选择时，我们是参考快乐或痛苦的四个方面的情况来做决定的。第一个方面是强度，即快乐有多强烈，快乐的强度越大，这个快乐就越有价值，我们就越有可能选择它。这是第一个因素。边沁特别强调快乐的强度与"个人特质"紧密相关（idiosyncratic）：我认为"个人特质"这个词是边沁发明的。只有某人自己才能知道某个行为给自己带来多么强烈的快乐，你无法体验我的痛苦或快乐有多强烈，我也无法体验你的痛苦或快乐有多强烈。第二个方面是持续时间：持续时间越长，快乐就越多。持续时间长的快乐比短暂的快乐更有价值。第三个方面是快乐的确定性或不确定性，确定的快乐比不确定的快乐更有价值。如果我实施一个行为，我百分之百确信我会体验到某种快乐，其价值将高于下一种情况，即尽管会有同样的快乐，但只有一半的把握。第四个方面是快乐将在近期发生还是很遥远的将来发生。如果现在就给某人 100 美元而不是一年后，其价值会更高：如果马上收到这 100 美元，可以用它收利息或投资，因此它就会更值钱。当有通货膨胀时，100 美元的价值在一年后将会减少一些。这里有个时间的概念。总之，当体验快乐时，越是强烈、持续时间越长、越有确定性、时间上越接近的快乐就越有价值。

　　某一个行为确实会促进我的幸福或快乐，但可能也给其他人带来了更多的苦难。幸福是指个人快乐多于痛苦的体验。如果你所有的快乐可以将痛苦平衡掉，你就是幸福的。如果你的痛苦大于快乐，你就处于痛苦的状态。偷钱和抢劫，对偷钱的人而言，这是一种乐趣，他这样做是因为他想要钱，他做这项行为的唯一原因是获得快乐，他拿到钱并把它花在某些方面，这就带给他快乐。如果他把钱花在能给他带来快乐的事情上，这个行动就是很好的选择。但总体而言，他的行为会造成更多的痛苦：因为在偷钱时，他会伤害到被偷的人，甚至可能会伤害到被偷的人的身体，被偷的人会体验到更多痛苦，这种痛苦将超过偷钱人得到的快乐。因此，这样的行为带来的是更多的痛苦而不是快乐。即使我所有的行为都是由我对快乐的渴望所驱动的，我仍然可能会犯错。当全面考虑到某一行为的所有结果后，我的某一行为可能是错的。因此，当我们谈到道德时，必须要把另一个维度加到我们的计算中。这个额外的维度就是边沁所说的范围。除了前面提到的四个方面外，边沁在《道德与立法原理导论》中还讨论了第五和第六个方面即繁殖力（fecundity）和纯度（purity）。我们这里不讨论它们。第七个方面，即范围或广度，即受苦乐影响的人数，换句话说：要考虑到所有受一项行为影响的人。当考虑到受一个行为影响的所有人的痛苦和快乐时，你就进入了伦理或道德的领域。功利原则的拥护者表示，一个行为是正确的还是错误的，要考虑到是否给所有受影响的人带来最大程度的快乐。

5. 制裁与动机

回过头来看偷钱或抢劫。从功利原则的角度来看，这种行为应该被阻止。这就是立法机构的作用；刑法计划是其中的一部分，边沁的《道德与立法原理导论》实乃刑法导论。这涉及立法机构要做什么。立法机构有能力改变某一行为所导致的快乐和痛苦的状况，从而改变人们行为的动机。在这样的安排中，立法机构制定法律，惩罚犯罪行为。如果我偷别人的钱，我很有可能会被抓住、被罚款或被送进监狱，因此，偷钱是不值得做的事。这就是刑法或一般法律的目的，即改变人们的动机。立法机构以这样的方式来行为，可以促进功利而不是削弱功利。边沁说，立法机构的作用就是所谓的政法制裁。在《道德与立法原理导论》中，边沁认为制裁是痛苦和快乐的来源。有三种制裁：第一种制裁是政治制裁，即惩罚，有时也可以运用奖励。但运用奖励太多是有问题的，因为成本太大，所以，与惩罚相比，通过奖励来改变人们行为的范围非常有限。政治制裁是通过国家机器的强制来改变人们的动机。第二种制裁是通过公众舆论来进行的道德制裁。我们的行为对周围人会有影响，我们希望被朋友、家人、社会上所有的人认可。这关系到我们的声誉。因此，我们会顾及他们对我们行为的看法，我们不喜欢被批评或被谴责。我们希望得到大家的祝福而不是受到谴责。第三种制裁是宗教制裁。有些人期望有一个超自然的上帝，认为人遭遇的痛苦和快乐有一部分发生在今生，还有一部分将发生在来世；他们认为上帝会以某种方式在来世惩罚或奖赏我们，这可能影响我们的行为。

6. 关于动物

另外还有几点，其中之一是关于动物。边沁认为，动物和我们人类有着相同的生理机能，都是有生命的生物。这意味着，我们要考虑动物的利益。在《道德与立法原理导论》第 17 章的一个脚注里，边沁谈到了动物的痛苦。他说，成年的马和狗的理性和交往能力要远胜于出生才一天、一周甚至一个月的婴儿。但假设不是这样，又会如何呢？边沁说，问题并非它们有无理性，亦非它们能否谈话，而是它们能否感受痛苦。动物也是由对快乐的渴望和对痛苦的厌恶所驱动的，它们可以感受痛苦。这意味着，动物的利益也要在快乐和痛苦的计算中得到考虑。

边沁认为，计算是难以避免的，如果所攸关的是痛苦和快乐这么重要的问题，而且它们是最高程度的（简言之，唯一能够被视为重要的问题），那么有谁不加以计算呢？

"人是计算的，有人算得较准，有人算得不准，但人人都计算。即使疯子也在计算"，这是在《道德与立法原理导论》第 14 章结尾的一句话。以上是我对边沁功利原则的某些方面的简要介绍。

二、功利原则的从属性目的

现在继续谈论生存、富裕、安全和平等。边沁《道德与立法原理导论》的主要内容是刑法。边沁的目的并不是要写一本哲学作品。在下次演讲中，我将讨论边沁的法哲学，即《道德与立法原理导论》第 17 章，即"法学的刑法分支的边界"（ Of the Limits of the Penal Branch of Jurisprudence ），它讨论法律的性质。实际上，如果要起草一部刑法典，你需要一个关于法律性质的理论。

边沁关于功利原则的从属性目标的讨论是很有意思的，因为它涉及功利原则的实际应用。在功利原则下，有生存、富裕、安全和平等。第一个从属性原则是生存原则，该原则在富裕、安全、平等原则之上。今天讨论的内容取自边沁关于民法的讨论。这些讨论收录于鲍林版的《边沁文集》，是从杜蒙的法文版翻译而来的，这并不是权威的边沁原作，但在边沁研究中心编辑的新版本出来之前，这是最好的文献了。鲍林版的文本里的思想，与我们正在整理的边沁后期的文献中的思想，大多数情况下，内容确实是一致的。有关生存原则，边沁说，立法机构不需要干涉太多，人们有为了满足自己的生存和享受的需求而为自己寻找食物和建造住所的天然动机。但立法机构需要为生计提供保障。当讨论安全时，我将对此做进一步说明。

第二个从属性原则是富裕，即创造财富。总体来说，在获取财富方面，人们自己是有动机的。但也有政府如何干预的问题，这就是经济学或政治经济学的话题：为了促进经济增长，立法机构应该怎么做？边沁后来花了一些时间研究经济学，他总体上是亚当·斯密的门徒，也是自由贸易的支持者。

第三个从属性原则是安全，而安全原则有重要和关键的作用。正如边沁所说（杜蒙代表边沁说），勤勉（industry）创造财富，但法律保护财富：要确保勤勉创造的财富能得到保护，只有这样，才可以激励人们创造财富。当一个懒汉或官员拿走一个人的财富时，就出现了安全的问题：它制造了痛苦，影响了生存和富裕。安全涉及法律权利的分配。边沁说，安全是为了保护我们的生命、财产、生活条件（conditions in life）和名誉。法律权利将保障我们的生命和财产安全。如果没有法律的保护，就没有个人财产权的概念："财产权"，甚至"占有"，都是法律的范畴。生活条件是指我们在社会中的地位或身份（status）：这不是指贵族之类的身份，而是雇主和雇员的身份：彼此相互承担权利和义务；丈夫和妻子、监护人和被监护人、教授和学生等都是这种生活条件的例子：这些是人们在社会中的角色，涉及各种权利义务的分配和保障。最后还有名誉，即一个人的好名声：这种名声应该受到保护，免受诽谤或诋毁，除非诽谤或诋毁所说为真。根据边沁所处的时代的法律，诽谤或诋毁所说的事情为真——这并不是反对诽谤或诋毁的指控的抗辩，但边沁认为，它应该构成这种抗辩。法律保护生命、财产、生活条件和名誉，这些构成人们的法律权利，这些权利给他人设定相应的义务。边沁的观点是，如果对应的人没有义务，那就没有权利：如果有人有权利，那就必定有人有义务来提供相应的实现权利的服务。

边沁说，安全是前瞻性的（forward-looking），它实际上是一个文明社会的基础。人与其他动物的区别之一就是我们具有向前展望的能力。我们说过，边沁认为必须把动物的利益纳入幸福的计算中。但人与动物是有关键区别的，即人类能够向前看，能展望未来，制订生活计划。这就是为什么安全很重要：我的房子和我的书是我的；我可以计划周末去看朋友，我能够在街上安全地行走，我的身体不会受到攻击或伤害；别人不能拿走我的电脑。因为有安全，我可以制订关于未来的计划。如果不能实现我的愿望，我会感到失望，失望是一种痛苦。边沁有一个次级原则就是所谓的"防止失望原则"。我们不仅要防止目前的损失，还必须防止将来的损失。这一点，换句话说，就是要防止失望。这就是为什么安全是如此重要。安全可以保障我们制订人生规划、把自己投射到未来。安全使得文明成为可能，使得我们摆脱了野蛮状态。

第四个原则是平等，边沁发明了我们今天称为边际效用递减的理论，尽管他自己并不这样称呼它。举例来说，如果一个人一年的生活成本是 500 美元，也就是说，为你提供一年的食物和住所，500 美元已经够了——这 500 美元是最重要的 500 美元。如果你有另外 500 美元，你生活的舒适度会增加，你可以给自己买一台电视看足球了；还可以外出旅游，时不时地享受一顿美餐。但是，每递增 500 美元，它所带来的美好感觉会变得越来越少。当你是一个亿万富翁后，再多给你 500 美元就不再有意义。就功利来说，同样数量的每一个额外增量与之前的增量相比，其价值在减少。这就是边际效用递减的概念。让我再举一个例子：现在有 10 个人，我有 1 万美元给他们。我将用一种促进功利的方法：如果这些人的处境一开始都是平等的，给他们每人相同的数额即 1000 美元——这种平等的分配是促进功利最大化的分配。但我们的真实情况不是这样。我们已经有了财产的不平等，而且是很显著的不平等。一些人很富有，一些人很贫穷。所以，功利最大化的分配方式不是平等分配，而是要考虑到边际效用递减的原理。

边沁也反对所谓的均贫富（levelling）的政策，即拿走所有人的财产，然后平分给所有人。首先，这样做侵犯了安全原则。如果我们说，明天上午 9 点，每个人都将拥有等量的财产，这意味着，所有人——至少是拥有和使用他们自己的财产的人——原先的计划会受挫，他们会感到失望。第二，如果我们确实做到了财产平等化，每个人在明天上午 9 点拥有等量的财富，但是，因为勤俭程度的差异，到下午 5 点，财富不平等现象会重新出现。那么，我们是不是要在后天上午 9 点来重新均贫富呢？如果在接下来的每一天，我们都这样做，我们基本上就被毁掉了：没有人会工作，因为他的财产会被夺走。我们不能简单地一笔勾销所有财产的不平等。那么，我们能做些什么？边沁提出了与继承有关的计划。他认为我们死的时候，我们的财富，不应该全部分给与我们有近亲关系的人，可以通过遗产税为国家提供财政收入，从而更好地推进公共利益和最大幸福原则。另外我们知道，在英国实行典型的长子继承方法，贵族家庭的财富会由父亲传给长子；若没有儿子，则传给最大的女儿。在边沁看来，这导致了大量的财富累积和不平等，所以，我们最好能有一种让所有孩子平分家庭财富的安排，这将是减少财产大量积累和不平等的方式。边沁追求的是，在不影响安全的前提下，追求财富分配的相对平等。

回到生存原则，边沁认为，生存应该得到保障。为保证人们的生存，有必要将钱从富人那里拿走。如果不能生存，人就无法感受到痛苦或快乐。生存在道德上压过了财产的安全。

最后，关于自由。边沁认为，自由是一件好事，自由也是一种快乐。他心中的自由，是指不受强迫或胁迫。但他也认识到，法律的制定必定是对自由的侵犯。在他看来，法律与自由是对立的，所有的法律都是强迫性的。所以，边沁把其他哲学家所称的公民或政治自由叫作安全。

三、问答环节

问：我有两个问题，第一个是关于"自然"。在演讲的一开始，您给我们提供了对自然的诠释。您对边沁的自然作了自然主义和唯物主义的解释。所以，您似乎把自然主义与唯物主义等同起来。但我倾向于认为，唯物主义不能容纳边沁的整个本体论。它只能容纳物理世界，或者用边沁的话来说，是被推出来的真实实体（inferred real entities）。也许教授可以进一步阐述一下自然主义和唯物主义？第二个问题是关于价值的层次，生存、富裕、安全和平等这样的等级安排是以边沁关于民法典的论述为基础；如果我们离开民法典，讨论政治社会，我想，边沁很可能把安全放在首位，至少在富裕之前？希望得到教授进一步的评论。

答：谢谢你的问题。你的第一个问题，取决于从哪个角度理解边沁。边沁注重我们今天讨论到的内心感受，如快乐，而不是其他的东西。所有的这些，边沁称之为心理实体。所谓外部世界，如我身后的书、书架和桌子等东西所构成的世界，是我们感觉到的世界。对边沁来说，内心的感觉同样是由物质形成的；这就是为什么我认为边沁是一个唯物主义者的原因。

在价值的等级方面，我确实依据了边沁的民法典论著。安全真的很重要。我不否认这一点。人类必须先要存在，才会感到痛苦和快乐。没有生存，安全也没有意义。边沁强调说，安全对生存来说是重要的。

问：边沁功利主义的基本思想是某个社群的幸福最大化。但这会不会伤害人们的自由和权利？约翰·穆勒考虑过这个问题。边沁如何看待这个问题？

答：谢谢你的问题，很高兴你提出这一点，我认为你是指多数人暴政的概念，这是一个对边沁功利主义的批判。为了促进大多数人的利益，是有可能牺牲少数人的一些权利的。比方说，让一小部分人成为奴隶，以增加其他 90％ 人的幸福；以此为基础的讨论表明功利主义会造成对少数人的压迫。约翰·穆勒确实有这种顾虑。这不仅仅涉及人的数量，还需要考虑到这些利益或成本的价值。另外，边沁谈到了平等的重要性，但应该指出，边沁也重视权利。边沁反对轻率地牺牲某些人的利益来换取另外一些人的利益。当然，边沁关心的主要是如何防止少数人对多数人的剥削，而不是多数人暴政。

问：人们的利益是相互冲突的，边沁是否试图去解决这种利益冲突？他提出了什么办法？同情心似乎是很微弱的，没法驱动人们去追求公共福祉。

答：关于利益冲突，关键是要理解人们行为的动机。边沁首先谈到个人利益；第二个是同情，同情会将好处扩展给家人、朋友或者其他人。第三是厌恶。每个人都有他不喜欢的人，会厌恶敌人，这与同情形成了对比。举一个例子，如果我是利物浦队的球迷，我会很高兴看到曼联队输球后它的球迷的痛苦。我从我厌恶的对象的痛苦中得到了快乐。在另一方面，我也从我同情的对象那里获得快乐。当我看到利物浦队的球迷同伴开心时，我也感到快乐。

人不是神，人必须首先照顾好自己，这是最基本的。如果不照顾好自己，我们人类很快就会消失。如果不追求自己的快乐，我们就不会有两性关系，就不会有孩子，人类也不会延续。人类的持续生存取决于自利心。但边沁说，促进同情心也很重要，这是因为文明社会的基础之一是我们要照顾其他个人的利益。作为社会中的个人，我们应该通过立法和道德培养对他人的同情心。另外，这里的问题还涉及公共和个人间的关系。对边沁而言，问题是，功利原则如何分别作用于个人和政府？边沁认为，二者都应该以促进功利为目标。但我们是否会这样做，取决于我们有什么样的政治。有一件事是应该做的，但这不意味着我们会去做，我们还要有正确的动机。边沁依赖立法机构和公众舆论来为人们提供正确的动机。边沁不主张让上帝或宗教来提供这种动机。

问：边沁的平等只是财富平等吗？边沁说，每个人都应该只算作一个，这是否表明他认为，每个人在法律上都有平等地位？

答：边沁说，"每个人只能算作一，没有人可以被算作多于一"（Everybody to count for one, nobody for more than one）。事实上，穆勒在他的《功利主义》这本书里引用了边沁这句话。这句话的出处是边沁的《司法证据原理》。换句话说，立法机构应该赋予每个人相同权重的利益。一个国王、贵族或富翁的利益不应该超过一个普通人的相应利益。立法机关或任何人都不应该因为社会地位而给某人以优先权。边沁认为，应该是人人平等。关于这个问题，在 19 世纪有过一些辩论，例如，平等原则是否内涵于功利原则之中？抑或说它是独立于功利原则的原则？穆勒认为，边沁的平等原则是功利原则的体现。当边沁谈到法律改革时，他说目前的法律是不公正的，因为他认为，所有人都应该有平等的机会诉诸法律，但长期以来的实践却是，你必须要有钱才能去诉诸法律，以保护你的权利。

问：边沁真的认为，坏人就是蠢人吗？

答：不，事实并非如此。坏人可能是很聪明的。让我举个例子，拿破仑，曾经的法国皇帝，边沁认为，尽管他做过一些坏事，但做坏事的拿破仑却很聪明。坏和笨不是一回事。但二者是有重叠的：笨人经常会做坏事，笨人有时是坏人。

问：我想谈谈关于功利原则的新表述。边沁的新表述是最大幸福的原则，而不是最大多数人的最大幸福原则。我认为，这一变化表明，他意识到了功利原则和正义原则之间的冲突。但你提到，边沁使用幸福概念而非功利概念。幸福是一种感觉，有很多主观的特征。但生存、富裕、安全和平等并不那么主观。它们似乎是客观的，或是共同的功利。为什么边沁改变了这个表述？

答：这里有一些要点，很值得解释。我理解边沁认为，幸福一词更好地表达了他要实现的目标。问题在于功利（utility）这个词的通常含义即"用途"。如果你谈论的是功利，对方一般不会想到快乐或幸福。这就是为什么边沁改变了他的表述，因为功利这个词没有完整表达出他的意思，即幸福。另一方面，最大多数人的最大幸福的表达也有一个问题，即似乎隐含了可以牺牲少数人利益的意思。

第三讲

法律和主权理论：惩罚和圆形监狱

晋运峰　译

一、法律和主权理论

1. 哈特与功利主义法学

主持人刚才提到了哈特教授，哈特可能是 20 世纪英美法学界最有影响力的法理学教授。正如我在第一次讲座中提到的，哈特是一位非常有影响力的边沁学者，他深度参与了边沁研究中心的研究项目。1961 年哈特出版《法律的概念》；之后，他参与了新版《边沁全集》的编辑，哈特和第一任总编伯恩斯（John Burns）共同编辑出版了两卷重要的边沁著作，《道德与立法原理导论》和《对评论的评论和政府片论》（*A Comment on the Commentaries and A Fragment on Government*）。在出版《法律的概念》前，哈特曾发表了两篇著名的、有关边沁研究的很重要的文章。第一篇是发表于 1953 年的《法学的定义与理论》（*Definition and Theory in Jurisprudence*）；哈特在文章中将语言哲学的新思想引入法哲学之中：他不仅强调了边沁在语言分析方面的重要性，还认为边沁当时已经预先提出了一些我们今天熟悉的语言哲学家的很多观点，比如维特根斯坦（Wittgenstein）。下一次讲座中，我将讨论边沁对语言哲学的影响，并对此进行进一步的分析。哈特另一篇文章是《实证主义与法律和道德的分离》（*Positivism and the Separation of Law and Morals*），这也是一篇非常有影响力的文章。哈特在这篇文章中指出了功利主义法学的三大特征，第一个特征是法律与道德的分离，我在讲解《政府片论》时讨论过这个问题，接下来我将进一步讨论它。第二个特征是把法律看作主权者的命令，即法律的命令理论，法律被理解成了主权者的命令。第三个特征是对普遍法律概念的分析，即对存在于法律体系中的诸如权利、权力和义务等概念的分析和理解。哈特认为，功利主义法学传统中的两个主要代表人物为边沁和奥斯丁。奥斯丁出生于1790年，1859年去世。他曾自称是边沁的学生，作为边沁学术传统圈子里的一员，他和约翰·穆勒的关系也非常好。奥斯丁是伦敦大学学院法学院的第一任法理学教授。

哈特接受了边沁功利主义法学第一个和第三个特征，他区分了法律和道德，也进行了普遍法学概念的分析。哈特把这种分析当作一种道德上中立的研究，他也称其为描述性社会学。哈特运用描述性社会学来为成熟的国内法律体系的核心特征提供道德中立的阐述。

哈特拒绝接受功利主义法学第二个特征，他分析了法律作为主权者的命令的观念。在哈特看来，命令概念无法充分解释法律权力。法律是一种命令的概念，在刑法中可以自洽。换句话说，命令的意思是我命令你不要那么做，否则我将惩罚你。但法律作为命令的概念在其他场合就不适用，如立遗嘱：你可以选择是否立下遗嘱，甚至可以选择在遗嘱中放置什么条款，命令概念无法解释这个过程。如果你熟悉或者读过一些法律哲学著作，你就会知道，哈特是用规则概念取代了命令概念。哈特认为，命令观念无法解释法律权力，而规则的观念则可以解释。我接下来将讨论，如何从边沁的观点出发来看待哈特这样的理解，或者说，边沁是如何理解法律权力概念的。

2. 布莱克斯通与边沁的《政府片论》

在上次的讲座中，我们讨论了边沁如何评论布莱克斯通对英国法的理解。布莱克斯通认为，自然法对所有时代的所有国家都适用；如果与它冲突，法律就丧失了正当性。法律的所有力量和权威都来自这一根源。在布莱克斯通看来，如果法律与自然法冲突，它就是无效的法律，因为法律的正当性源于自然法。边沁通过《政府片论》批判了布莱克斯通的这些观点，批判了英国普通法以及自然法概念。在边沁看来，法律是否是道德的与其是否存在是两个不同的问题。我们知道，边沁曾经听过布莱克斯通1764年在牛津的演讲；他自己说："我16岁时听了布莱克斯通的演讲，反对其中的大部分内容。"他抱怨英国法晦涩难懂，抱怨它的很多拟制、同义反复、专业性（technicality）、循环论证、不规则性和不一致性，等等。最重要的是，边沁认为，法律虚构（legal fiction），也称法律拟制，它像瘟疫一样，毒害了它所影响的每一种法律。这正是边沁在撰写《政府片论》时的部分观点。《政府片论》中，边沁试图通过区分法律的阐述者和审查者来驳倒布莱克斯通的观点。边沁认为，阐述者的任务是向我们说明他所认识的法律是什么；审查者的任务则是向我们评述法律应当是怎样的。《政府片论》的最后两章，边沁还提出了他的主权理论。

3.《道德与立法原理导论》

我现在先略过《政府片论》，直接讨论边沁的另一部重要著作《道德与立法原理导论》。边沁并不是将这本书作为一部道德哲学著作来写的，而是作为刑法导论来写的。在18世纪70年代，边沁曾希望自己能编写一部万全法典，后来他的"野心"稍微收敛了一些，决定首先集中编写一部刑法典，他对惩罚理论也很感兴趣。这项工作的第一部分即他在 1780 年印刷的《道德与立法原理导论》，包括前 16 章和第 17 章的前两节。正如我们已看到的那样，在这本书中，边沁概述了功利原则，讨论了他的惩罚理论，对违法行为做了冗长的分类。他认为，功利原则将支配刑法。《道德与立法原理导论》的第 17 章，边沁最初只发表了前两节内容。第 17 章的标题是"法学的刑法分支的界限"，他在其中讨论了民法和刑法的区别。这本书的其他部分还提及了边沁所称的间接立法，即立法者不直接下命令阻止或惩罚某一种行为，而是通过创造环境使人们更难或不可能违法。

另外，该书还讨论地点和时间对法律的影响：法律因适用地点和时间的不同而不同。例如，一个内陆国并不需要有关海洋的法律。有些法律在某些国家不适用，地理环境对你要采用的法律会产生影响。此外，立法者需要考虑特定国家的传统和习俗。

4.《法学的刑法分支的界限》

我们现在集中讨论第 17 章。这一章旨在区分民法和刑法，这是边沁开始撰写这一章时的想法。

但是，若干年后，在 1789 年写的《道德与立法原理导论》序言中，边沁说，他陷入了他所谓的形而上学迷宫中一个不曾预料的角落。他开始意识到原先的民法和刑法间的区别是有问题的——更直白地说，这种传统的区别实际上没有任何意义。在第 17 章的初稿中，边沁区分民法和刑法的理由是违反刑法的行为被视为更严重，因此应该受到更大程度的惩罚。边沁后来认为这种区分没有太大帮助，也不正确。他开始认为，为了理解民法和刑法间的区别，他需要理解更为基本的概念，即法律的概念。他说，关于法律是什么，迄今为止，没有人给出过令人满意的定义。这就是他在第 17 章"法学的刑法分支的界限"中为自己设定的任务。这应该是他放弃继续撰写《道德与立法原理导论》的原因，因为他必须要先理解或定义法律，一项单独且完整（single and complete）的法律。于是就有了《边沁全集》中收录的《法学中刑法分支的界限》这部著作。这本书原本是很短的一章，由两节组成，解释刑法和民法之间的区别，后来就发展成一本独立的著作。这就是为什么边沁在 1780 年没有出版《道德与立法原理导论》的原因，因为边沁必须先要研究法律本身的性质问题。这也是为什么当 1789 年《道德与立法原理导论》最终出版时，边沁没有作任何的补充。所以这部伟大的刑法典的导论仍然只有前 16 章和第 17 章的一部分，其他部分仍然未发表，而只是存在于边沁的手稿之中。

5. 阐述性法学

在已出版的第 17 章前两节中，边沁又回到了阐述性法学和审查性法学①之间的区别；他指出，一部法学著作只能以两者之一为目的：①确定法律是怎样的；②确定法律应当怎样。前一种可称为阐述性法学，后一种则被称为审查性法学，或者称为立法艺术。

边沁把前述的阐述性法学分成了更多部分。首先是权威性与非权威性法学。权威的阐述性法学是由立法者或有权解释法律的人提供的，非权威性法学是由评论者而非立法者自己提供的，例如，我们可以认为法律是由法学家解释的。布莱克斯通对英国法的评论被看作一种非权威性的阐述性法学。边沁又将非权威性法学进一步区分为地方性的和普遍的，地方性的阐述性法学关注某特定国家的法制，而普遍的阐述性法学关注一切国家的法律。边沁认为这是理解法律的关键。非权威的、普遍的阐述性法学与每个法律体系中使用的术语相关。他在《道德与立法原理导论》的序言中列出了这些普遍法学的术语，诸如权利、权力、义务、自由、占有、所有权、豁免、无效、有效等。关键术语如义务、权利、权

---

① 《道德与立法原理导论》时殷弘译本将 expository jurisprudence 和 censorial jurisprudence 译为阐述性法学和审查性法学；《政府片论》沈叔平译本将 expositor 和 censor 译为解释者和评论者。

力、占有等指代的都是观念；语言表达会有不同，但每种法体系都有一些相同的观念。只有理解这些术语和观念，才能了解每个法体系。从某种意义上说，只有理解这些术语之后，才能理解审查性法学：正如边沁所说，审查性法学与每一种法体系相关。

6. 地点和时间

地点和时间可能会对法律有影响。但对边沁来说，法律体系更涉及人类或有知觉的生物，而所有人都有同样的动机，即同样地渴望快乐和厌恶痛苦，因此，在一个社会有害的东西，客观上说，在其他社会也是有害的。当然，地点和时间不同，损害声誉的行为或许会有不同的意义：在一个社会被视为损害声誉的行为，在另一个社会或许不被认为是损害声誉的。但伤害身体的行为则是普世的：在中国被认为是伤害身体的行为，在英国也是伤害身体的行为。因此，人性的共同性意味着许多适用于一个地方的法律将适用于其他地方。

7. 国际法

边沁不仅在这两节中明确区分了不同类型的法学，他还引入了"国际"一词。国际一词是边沁发明的，他将其引入英语世界。通过该书的法语版，它还被引入其他语言。边沁提出国际法（international law），取代当时使用的万民法（law of nations）；他认为，原先的万民法一词并没有真正表达国际法所指的法律的性质。这些属于边沁的普遍法学，因为他要澄清有关法律术语。

8. 意志的逻辑

边沁在本书中创造的另一个重要概念是意志的逻辑（the logic of the will）。在这里，边沁似乎发明了今天所谓的道义逻辑（deontic logic）。意志逻辑或道义逻辑是指权力关系中意志的向度（aspects）。我接下来很快会讨论这一点。

在作了这些初步讨论之后，边沁在《法学中刑法分支的界限》中引入了他对法律的定义，我向你们展示他的原始手稿，见图8。

这本书第三章的开头是边沁对法律的定义，这也是常被引用的一段话："法律可以被定义为宣告一个国家的主权者所制定或采纳的意志的符号的集合；这项意志涉及某个人或某群人在某种情况下应该做出的行为，而这个人或这群人在这种情况下是或被认为是从属于他的权力的；这种意志的实现依赖于对某些事件的期望，而这种宣告有时应该成为导致这些事件的手段，主权者希望〔人们〕对这些事件的预期可以成为那些行为

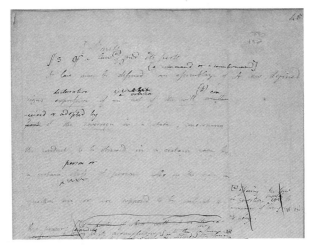

图 8 伦敦大学学院藏边沁手稿，第 88 辑，第 102 页

［受主权者指引的］ 人如此行为的动机。"① 这是一
个很长的句子，很典型的边沁长句。让我们把它分解成
构成要素，因为这些要素构成了边沁所说的法律。法律

---

① 边沁英文原文为："A law may be defined as an assemblage of signs
declarative of a volition conceived or adopted by the Sovereign in a State,
concerning the conduct to be observed in a certain case by a certain person
or class of persons, who in the case in question are or are supposed to be
subject to his power; such volition trusting for its accomplishment to the
expectation of certain events which it is intended such declaration should
upon occasion be a means of bringing to pass, and the prospect of which it
is intended should act as a motive upon those whose conduct is in
question"。

是主权者对臣民发出的命令，包含了旨在提供行为动机的制裁。这个长句子的结论性部分说的是：制裁是附在一个命令上的，旨在为命令所针对的人提供相应的行为动机。

我非常简短地谈到过政治和法律制裁；制裁是旨在提供相应行为动机的痛苦或快乐。我们说过，立法者通过施加惩罚来改变人们的行为方式。对一项行为施加某种痛苦就意味着，如果某个人实施了某种行为，他将受到惩罚。这里的重点是，法律是由政治上的优越者（superior）对从属者（inferior）制定的。在讨论《政府片论》时，我们说过，政治上的优越者是指臣民对之有服从习惯或倾向之人。因此，作为法律的命令是由主权者下达的，包含了旨在提供动机的制裁；主权者的权力是由臣民的服从习惯或意愿构成的。现在我再次与大家分享我的屏幕，因为要谈到意志的逻辑的观念，即边沁所说的意志的面向。图9来自《哈特论边沁》。

这是关于边沁的意志的逻辑的图表。当上级向下级下达命令时，命令会采取直接的形式，即你必须做某事；命令也可能采取禁止的形式，即你不得做某事。因此，图的左上角是你必须做某事的命令，而右上角则是你不得做某事的禁令。边沁称这两者为意志的"已决"面向。与意志的这两个"已决"面向相对，边沁称其余

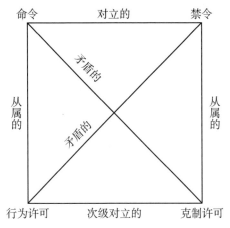

图9　《哈特论边沁》，法律出版社 2015 年出版，第 120 页

的两个面向为"未决"面向：或者允许你行动，或者允许你不行动。这样，意志就有四种情形：你必须做，你不得做，你可以做，你可以不做。边沁阐述了意志的四个面向之间的关系①。命令做 A 包含允许做 A，但不包括禁止做 A 或允许不做 A。禁止做 A 包括允许不做 A，不包括命令做 A 或允许做 A。允许做 A 包括允许不做 A。据哈特说，边沁是第一个厘清这些关系的人。顺便说一句，有人认为这是计算机工作方式的基础，即道义逻

---

① 编者注：例如，向某人发出要求做某个行为的命令，比如"关门"；禁令就是"不得关门"；非命令即"可以不关门"；非禁令即"可以关门"。现代逻辑学家可能把这些称作四种命令操作符或道义形态。

辑。边沁希望立法者清楚他们在做什么，并指出你不可以命令一个人做某行为，同时又禁止他做该行为。这似乎是不言而喻的，正如富勒（Lon L. Fuller）在他的著作《论法律的道德性》中指出的那样，合法性包括你不得命令某人做某行为，同时又禁止他做该行为：不可以说做它和不做它都要受惩罚；只有暴君才会这么做。但边沁认为，这里的主要问题与普通法法官和议会造法的方式有关。这些造法方式导致了法律之间的很多冲突。避免这些冲突的方法是编纂法典。我在后面会讲到这一点。

哈特认为法律的命令理论适合于解释刑法，但不适合解释法律权力。边沁是这样理解法律权力的：即它仍然可以归结为命令和制裁的观念。比如说，制定遗嘱的权力或者享用财产的权力，都建立在一个禁止性法律的基础上，即禁止其他人干涉你对相关财产的享受或使用。某本书是我的财产，立法者禁止其他人干涉我对它的使用，否则其他人会受到惩罚。表面上许可性的法律也是建立在强制的基础之上的。强制意味着限制（restrain）和束缚（constrain），前者是阻止你做某事，后者是迫使你做某事，它们是强制的消极和积极面向。

9. 主权

现在简单介绍一下边沁的主权思想，边沁认为，只有主权者才是法律的渊源；社会其他成员都服从主权者。正如我已经提到的，构成主权者的关系的一方是主权者的权力，另一方是臣民的服从；主权者享有权力是因为臣民的服从。波斯特玛（Gerald J. Postema）在《边沁与普通法传统》一书中指出，服从的倾向是很复杂的，它取决于共同体大部分成员的预期、态度或信念。波斯特玛把这种倾向解释为互动性习俗（interactional custom）；换句话说，在统治者和臣民之间存在一种动态关系。服从的倾向在内容和对象上都可能变化。统治者会制定什么样的法律，取决于人们会服从什么。我通过《法学中刑法分支的界限》第四节开头的一个脚注来说明这一点。这个脚注提出了分割的主权（split sovereignty）的理念。边沁在这里给出了主权的定义。他还说："人们可能在一种行为上服从一个人的命令，而反对全世界；在另一种行为上服从另一个人的命令；……在一个地方服从一个人的命令，在另一个地方服从另一个人的命令；……在一个时间服从一个人的命令，在另一个时间服从另一个人或另一群人的命令。他可能在一个人命令一类行为时服从这个人，而在他禁止它时倾向于不服从他，反之亦然。"

我认为，主权与臣民间的这种关系是动态的，但这不是一种法律关系，而是一种社会学上的关系。一个社会中的主权者就是其意志最终占主导的人。

在我刚才读的这段话中，边沁举例说，犹太人愿意为安提阿哥（Antiochus）做一切事，但不愿意吃他的猪肉。流亡的新教徒愿意为路易十四做一切事，但不愿去做弥撒。英国的天主教徒会遵守议会的一切法律，但不会不做弥撒。边沁认为，一个国家中不只有一个主权者，相反，因为人们的服从倾向的不同，它可能有多个主权者。为了方便起见，边沁把主权者说成一个人，但主权者也可能是一个机构。例如在英国，主权者由国王、议会下议院和上议院共同组成；主权者甚至可能包括法官：如果法官们能推翻立法，他们就拥有了主权权力。

我认为，边沁主权理论比这些更加复杂。对他来说，主权者可以通过行政权来运作，也可以通过立法权来运作。边沁区分了这两种权力：行政权是在单一场合针对单一行为而行使的权力，立法权是针对所有人或某些类别的人而行使的权力。主权者可能是立法机构，也可能是通过个人命令而行事的暴君。重点是，谁会获得臣民最终的服从？

从《政府片论》到《法学中刑法分支的界限》，边沁对他的主权理论实际上有所发展。更准确地说，这种发展发生在他撰写《法学中刑法分支的界限》时。在

《政府片论》中和《法学中刑法分支的界限》的某些段落中，边沁提出，宪法不是真正的法律；就像奥斯丁一样，他似乎也把宪法当成实在道德：宪法实际上是由君主对臣民作出的承诺，由道德制裁来实施。

但在后来的著作中，边沁区分了两种法律。一种法律是针对臣民的法律（leges in populum），它们是标准的主权者的命令。另一种法律是针对主权者的法律（leges in principem）：主权者的行为不仅会违宪，而且还会违法。我认为，我们有必要稍微详细地考察边沁关于主权和宪法的理论，因为它们是复杂的，而且还发生了变化。这里的一个问题是，边沁的早期和后期的主权理论是不是一样的？边沁早期的主权理论是他在18世纪70年代和80年代讨论君主制或混合政体时提出来的；他后来的代议制民主理论是不是还保留了早期的主权理论呢？哈特认为，边沁的主权理论发生了改变，早期的主权理论与后期的民主理论不可调和，但同样研究边沁早期著作的伯恩斯却认为，边沁18世纪70年代和80年代的主权理论与他后期的主权理论是相同的。在这一点上，我倾向于同意伯恩斯的观点。边沁早期的主权理论中，作为主权之基础的臣民的服从习惯是一种社会学事实；他这时的主权理论是一种普遍的描述性主权理论，但没有说哪种形式的主权是最好的。但在他的民主理论中，他指出，人民主权是最好的：在代议制民主中，人民的意志最终应该被服从。边沁早期的关于主权的社会学理论和后期的规范性理论是兼容的：在这里，边沁把阐述者和审查者的角色结合起来了。阐述者的角色是在普遍的阐释性法学中解释法律和主权是什么，但审查者的角色是说什么形式的主权是最好的。

二、刑罚和圆形监狱

1. 圆形监狱

我现在来讨论边沁的惩罚理论，包括他的圆形监狱（Panopticon）项目。

图 10 是塞缪尔·边沁的图像，他是边沁的弟弟。18 世纪 80 年代，他在俄罗斯工作了 10 年时间，最终为拥有大量财产的俄国贵族波特金王子工作。塞缪尔为此建立了一个车间，他面对的是一批没有经验的工人，他需要监督他们的工作。于是，他把自己安置在建筑物的中央，让工人分散在他周围。去俄罗斯探望塞缪尔的时候，边沁认识到，在建筑物中央有一个巡查或监督员的圆形建筑有很多用途。在当时 18 世纪 80 年代末的背景下，边沁认为，这种建筑的一个用途是设计监狱。这就产生了我们所知道的圆形监狱及后来的全景式教养院。

图 10　1784 年的塞缪尔·边沁（1757—1831），油画

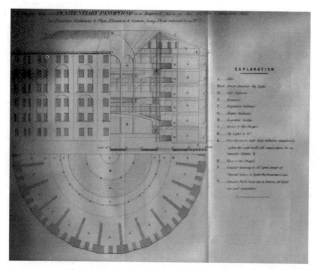

图 11 《边沁文集》，1843 年于爱丁堡出版，第四卷，第 2—3 页

Panopticon 一词源于希腊语，意为"无所不见（all-seeing）"①。边沁的想法是将监狱建筑成圆形或多边形，囚犯的牢房布置在监狱外圈，每个牢房有两个窗户，窗户没有任何遮掩，光线从一边窗户照到另一边，见图 11、图 12。在建筑物中间有一块空地，用来建设瞭望塔。通过逆光效果，站在瞭望塔上的管理者可以清楚地看到每个牢房内的一切，而牢房中的囚徒只能看见中心瞭望

———————

① Panopticon 一词是由"pan-（all，全）"和"optic（seeing，看）"组合在一起的。本意即是 all-seeing，一览无余。

塔的模糊剪影，无法确定管理者是否正在观察自己。

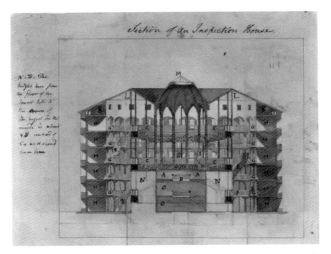

图 12　全景狱的一部分，威利·雷弗利（1760—1799），绘制于 1791 年

　　圆形监狱的基本想法是，囚犯越是被监管，他们的行为便会越良好。边沁认为，这种监狱是改造罪犯的一种手段，而对罪犯的改造正是边沁惩罚理论要点之一。事实上，将囚犯置于持续的监督之下，这将帮助他们悔过自新。边沁在俄罗斯时写了一系列关于圆形监狱的信件，并将其寄回英国。当边沁返回到英国之后，他写了很长的后记来补充完善圆形监狱方案。

　　边沁最初的想法是囚犯被单独监禁，一个牢房管一个囚犯。这是传统基督教理论的思路：独处可以让囚犯更好地反思自己的恶行，从而改过自新。但边沁很快改变了这个想法，他后来意识到，单独监禁是一种巨大的心理折磨，可能会使囚犯发疯。于是，他建议修改，一个牢房管两个人，甚至可以扩大到三个人，但最多不能超过四人。另外，边沁认识到，工作和罪犯的改造之间存在非常密切的联系，正是游手好闲导致了人们犯罪，因此，就需要治愈他们的游手好闲，不仅让他们有工作的愿望，还让他们也有一些工作的技能：这样一来，当刑期结束离开监狱时，他们便能够成为对社会有用的人。

在监狱改革的问题上，边沁试图把他的惩罚理论付诸实施。为此，边沁提出了三个主要原则。第一个原则他称为仁慈（lenity），即友善，这意味着不进行体罚，更不实行死刑。边沁在其生涯中一直反对死刑。他认为，如果惩罚的目的是改造人，那么一个死人是不可能被改造的。边沁反对死刑的另一个论点是相当有力的：如果死刑搞错了，这是没有回头路的，我们无法补偿一个已死的人。圆形监狱中不会有死刑或任何形式的体罚。囚犯的健康也会得到维护：这要求通风良好的宽敞空间，这与传统监狱不同。传统监狱里环境恶劣，囚犯经常生病：去监狱本身就很危险，更不用说在那里被监禁很长时间了。

边沁的第二个原则是严厉，这听起来是与仁慈相互矛盾的。严厉的原则首先在于，囚犯失去自由；此外，他们在监狱的处境不能比某个自由的穷人处境更舒服，否则，一个为了生计而不得不工作的穷人会想去犯罪，想被关进监狱，因为在那里会更舒服。为了避免这种情况，在监狱里应该实行严厉的原则。边沁的想法是在仁慈和严厉之间找到一个折中方案。第三个原则是经济性，即尽量减少公众和国家的开支，尽可能以低廉的成本运营监狱。边沁认为，他可以通过合同来把监狱管理外包给其他人，边沁自己想成为监狱长。在我看来，这不是一个好主意，但边沁当时认为他要这么做。这里有一个非常重要的原则，而且是在他后来的民主思想中也很重要的原则，即利益和义务相结合的原则，即让履行义务成为符合义务人利益的事，这样一来，一个人的私人利益就可以与公共利益相一致。根据边沁的设计，第一，如果监狱里囚犯死亡比例超过同时期人口正常的死亡比例，政府就应该对监狱征收罚款，来促使它改善情况，这样，监狱长的利益就与囚犯的利益联系起来了。这样监狱长就有动机保持罪犯的健康。第二，监狱长可以从良好的监狱管理中获利。监狱长可以从囚犯的劳动中获利，囚犯本身也要保留一部分自己劳动的收益，这会给双方都提供激励。监狱长一方面要用这些收益来维持监狱的运营，另外也可以从中获取利润。监狱长本人也要住在监狱里，这让他有动机确保监狱环境的良好。边沁甚至想要吸引公众前来参观监狱：在他的设计中，监狱可以像一个游乐场，一方面吸引人们来这里娱乐自己，另一方面也吸引他们来参观监狱——这也构成对监狱长的监督，可以确保监狱长和他的工作人员表现良好，并妥善对待囚犯。边沁认为，在这样的监狱里，囚犯是不可能逃脱的，所以囚犯的安全也应得到保障。

边沁花了 10 年的时间试图建造这样一座监狱。1794 年，议会通过了一项法案，授权批准了该监狱的建设。议会还通过了一项法案，资助边沁购买土地，他同年 7 月份购买了一块土地。但最终，监狱还是没有建成。他从来没有开始实际建造，表面上①看这是因为政府后来改变了政策：不是将囚犯关在英国监狱，而是将囚犯送到澳大利亚。政府认为，监狱当初之所以有必要，是因为囚犯在此前被送到美国，但美国独立后，把囚犯送到美国的可能性已经不存在了。当时，一个短期的解决办法是使用废弃船只来关押囚犯，把这些关押囚犯的废弃船只停泊在泰晤士河的船坞里，但人们并不认

---

① 实际上，边沁一直认为真正的原因是当权者的既得利益作祟，即所谓邪恶利益。

为这是可接受的方案。因此，英国政府后来转而决定将罪犯送去澳大利亚。

2. 惩罚

边沁研究中心出版的《边沁全集》中最新的一卷就是《圆形监狱与新南威尔士：边沁论澳大利亚》（这是一本可以免费下载的书）。在书中，边沁解释了圆形监狱将如何满足惩罚的所有相关目的，而将囚犯送往澳大利亚的新南威尔士州则会适得其反。边沁提出了惩罚的五个目的。第一个是"杀鸡骇猴"（example），即一般预防，防止其他人犯罪。你要让他们知道，犯罪的后果是什么。他们可以在伦敦当地的圆形监狱中看到这种后果。当罪犯被送往澳大利亚的新南威尔士州后，他们就看不到了，也就不会理解或领会惩罚的性质。第二个是改造。通过圆形监狱，罪犯会被改造。罪犯的品格会改变，他们会习惯于工作，会学到工作技能。在新南威尔士州，他们则会放荡、懒惰、游手好闲和无所事事。惩罚的第三个目的是特殊预防，即使囚犯丧失再犯罪能力，防止他们再犯罪。如果被关在圆形监狱中，他们就不会再犯罪了。而在新南威尔士州，政府甚至不得不也建造一些监狱，把罪犯关起来，或者再把他们送到距离澳大利亚 70 英里的偏远岛屿，这些使罪犯很容易再次犯罪。惩罚的第四个目的是补偿，囚犯在圆形监狱中的收入可以用来补偿犯罪的受害者。但是，被送往新南威尔士州的囚犯没有收入，也就无从赔偿受害者。第五个目的是经济。边沁认为，圆形监狱的方案远比押送到新南威尔士州更便宜。综合考虑所有这些因素，对解决犯罪问题来说，圆形监狱是比押送到澳大利亚更好的方案。

边沁在《道德与立法原理导论》中简单说明了他的惩罚理论的主要思想。另外，他在 18 世纪 70 年代后期写了大量关于惩罚理论的手稿，后来由杜蒙编辑整理出版，即《惩罚原理》，之后又被翻译成英文。关于惩罚，边沁认为，第一个原则是罪刑相称。边沁指出，惩罚的量应当恰好可以让罪犯改变想法，不再犯罪：不多也不少。刑罚超过必要限度是对犯罪人的残酷；刑罚达不到必要限度是对公众的残酷——对已遭受的痛苦来说，这样的惩罚也是一种浪费。合适的刑罚应当是与犯罪相称的①。同时，边沁坚持说，要尽可能以最小的惩罚来达到最大限度地预防犯罪这个向前看的目标。边沁认为，所有的惩罚都是伤害，所有的惩罚本身都是恶。根据功利原理，如果一种惩罚被允许，那只是它为了排

---

① 边沁相应地提出了计算相称性的主要原则，即惩罚之苦必须超过犯罪之利；刑罚的确定性越小，其严厉性就应该越大。

除某种更大的恶。根据功利原则，我们需要最大限度地减少世界上的恶或痛苦，这就要求把惩罚最小化。在边沁的年代，英国刑法中有许多罪都是可以判处死刑的，其数量甚至高达 100 多项，但实际上，许多罪行是微不足道的。边沁既要废除死刑，又要减轻刑罚。

第二个原则是侦查和惩罚的确定性。这个环节的关键是发现犯罪事实并依法定罪量刑。边沁提出的一系列建议与警察制度有关。如果一个人认为自己的罪行会被发现、自己会被抓住，他就不敢犯罪。这就要求增加侦查的确定性。边沁还认为，让受害人得到罪犯的赔偿是重要的。他将损害赔偿也当成一种惩罚。这也是对潜在的罪犯的一个抑制因素。

边沁认为，在某些情况下惩罚没有意义。他在《道德与立法原理导论》的第 13 章专门讨论了这个问题。第 13 章的标题是《不适于惩罚的情况》。惩罚是恶，不宜被随便施加。在下列情况下不宜施加惩罚：①惩罚无理由，即不存在要防止的损害，相关行动总的来说是无害的。②惩罚无效，即当惩罚不可能起到防止犯罪的作用时。③惩罚无益，或者说代价过高，即惩罚造成的损害将大于防止它的损害。④惩罚无必要，即某种违法行为无需惩罚便可防止，或可以代价更小的手段来防止。这些原则类似穆勒著名的伤害原则：穆勒提出了一个非

117

常简单的原则，即"社会无权干涉个人权利，除非是为了防止该行为伤害他人的权利"。只有那些会造成伤害的行为才应该成为违法行为，而国家不应该实施无根据、无效、无益、无必要的惩罚。

3. 违法行为

最后，我简单地讨论一下边沁所说的违法行为（offences）。违法行为是造成伤害的行为。这必定是针对一个人或一群人的。边沁将这些分为个人性违法行为和半公共性违法行为；针对不特定的个人或社会的全体违法行为，边沁称为公共性违法行为或对国家的违法行为。个人性违法行为的客体可以是身体、财产、名誉或生活地位（condition in life）①。这些在很大程度上与安全概念有关。边沁在《道德与立法原理导论》的第 16 章对各种违法行为做了详尽的分类，这种分类构成了边沁在《政府片论》中提到的法理学地图：从违法行为的概念开始，谁做了哪些违法行为，哪些人受到伤害，受到何种程度的伤害——这张法理学地图展示了应受到惩罚的行为。

以上是关于边沁法律、主权和惩罚理论的一个简要

---

① 边沁在《政府片论》（*Fragment*, The Athlone Press, 1977, 417）中说，"违法行为的这种安排，简单地说，将是实然法理学的一幅普遍性地图，也是应然法理学的初步的综合性纲要"。

概述。今天就讲到这里。我很乐意回答任何问题或听取任何评论。谢谢你们。

三、问答环节

问：我的问题涉及福柯对边沁的圆形监狱理念的批判。边沁有没有说到，如何防止圆形监狱的监狱长滥用权力？这个问题也与我们当前的数字监视社会有关。另外，边沁有没有对圆形监狱方案作成本效益分析？它的正面功利是不是会超过它的负面影响？

答：谢谢你很有趣的问题。我在讲座中没有提到福柯，很高兴你给了我这个机会来谈谈福柯对圆形监狱的看法，这是一个庞大的主题。首先，我想告诉大家，福柯有他自己的目的。福柯将圆形监狱视为现代国家的一种范式，他试图通过对纪律和惩罚的历史描述来展示从前现代国家到现代国家的过渡，或更确切地说，展示早期现代国家到 19 至 20 世纪自由资本主义国家的一种过渡或转变。福柯指出，在早期的现代国家，惩罚主要是针对犯罪者的身体，使他们在肉体上受到明显伤害。而在现代国家，权力依然作用于身体，只不过是通过强制性的监禁制度：这种制度以更阴险的方式，通过控制或重塑犯人的心灵或精神来规训他们的行为。

通过反思边沁的圆形监狱对罪犯的囚禁，福柯及其追随者已经确立和发展了一个研究监视的全新学科。但是，当时英国政府并不是这样来理解圆形监狱的，并没有把它视为一种全新的权力机制。事实上，英国政府宁愿把罪犯送到尽可能远的地方，而不愿用监狱来囚禁和改造他们。圆形监狱本身就是一个监狱，并不是现代国家的典范。事实上，当我接下来谈到宪法时，我会向你们展示一种完全不同的全景监视的思路。监狱长的工作是要对公众开放的，要接受公众的监督。监狱长和囚犯都面对很多只眼睛的凝视（gaze），还有法官的正式检查。另外，我谈到了义务和利益的结合原则：如果囚犯没得到良好的照顾，监狱长还会损失大量的金钱。

对边沁来说，圆形监狱只是一个监狱。边沁并没有要它成为现代国家的典范。话虽如此，边沁认为，圆形监狱的原则可以适用于很多场合：例如，对穷人的管理。在 18 世纪 90 年代，边沁还设计了全景式贫民院。英国当时面临的危机，除了处理囚犯外，还有贫民问题。边沁的贫民院是圆形监狱的姐妹版，建筑设计基本相同，管理原则和圆形监狱很相似：要有各种检查监督，也要给贫民提供福利。我前面说过，边沁的弟弟塞缪尔最初提出了全景工厂概念。这里，核心的原则是中央监视。如何理解这个理念，取决于人们提出这个理念时所处的环境，以及他们的视角。边沁关于全景式贫民院及圆形监狱的理念，和福柯的视角是很不一样的。边沁还认为，圆形监狱的原则可以适用于学校管理。

法国的边沁学者对福柯有很多研究。福柯曾在他的演讲中说过，"就理解我们的社会而言，边沁比康德和黑格尔更重要"。尽管这并不一定是对边沁的褒扬，但这确实说明，福柯认识到了边沁的重要性，边沁值得我们认真对待。

实际上，圆形监狱的故事依然有待讲述；关于这个故事，边沁手稿中有一个不同的版本，即边沁如何试图建立圆形监狱，又如何被政府拒绝。注意到这一点，将给福柯的研究者带来不同的理解；这样，他们就会理解圆形监狱在边沁思想中的地位，也许也会理解边沁在英国国家演变过程中的地位。这是一个非常有趣的问题。

问：非常感谢您的演讲，我有两个问题。第一个问题是关于边沁的法律理论，除了关于边沁主权理论的变化或连续性的争论之外，在讨论"针对主权者的法律"时，他的法律理论、他关于法律性质的观点是否也发生了变化？"针对主权者的法律"中的法律是否与刑法的法律或您刚才向我们展示的法律定义中的法律具有相同的性质？第二个问题是关于边沁惩罚理论。如果惩罚的主要目的是改造罪犯，那么，如果我们可以确知做错事的人已经悔改了，边沁是不是会同意，就没有必要再惩罚他了？

答："针对主权者的法律"是否导致边沁关于法律的性质的理论发生了变化，我在前面给大家读过边沁关于法律的定义，他在《法学中刑法分支的界限》第三节的开头给了我们这个定义。法律是主权者针对臣民发出的命令。边沁很清楚地定义了法律。他并没有在提出"针对主权者的法律"后又给法律下一个不同的定义。但主权者的命令如何成为针对主权者的法律呢？我希望我知道答案，但我现在不能给你一个满意的答案。我认为我们需要在边沁的法律理论和主权理论上做更多的研究。让我们来看一下奥斯丁关于宪法的观点。奥斯丁说，法律是主权者的命令，所以，主权者用一个法律来命令自己是没有意义的，我们不会说我命令自己去做什么。如果宪法是针对主权者的法律，那么它就不能是命令，而只是一个建议或承诺。作为主权者的命令的法律是否可以用来限制主权者？谈论主权者自己命令自己有意义吗？边沁并没有改变他对法律的定义。这也可能正是他思想的矛盾之处，他可能没有仔细考虑，或者我们可能需要在边沁对法律的性质理论上做更多的研究。

第二个问题，如果我们知道有人悔改了，我们是否还需要惩罚他们？但是，除了特别预防之外，还有一般预防的问题和赔偿受害人的问题。另外，这里有一个普遍性的问题，那就是，你如何知道某人已经改过自新？除非你给他们某种工作，并发现他们可以工作。我还没有解释边沁关于释放圆形监狱里的囚犯的计划，这是一个复杂的话题，它涉及我们如何才可以知道一个罪犯已经被改造好了。

问：如果边沁活在今天，他会如何看待我们目前的监视社会？当整个社会像圆形监狱一样时，他的功利计算会如何来看待监视技术用在普通人身上的收益和成本？

答：这个问题真的很有意思，是的，我们需要预防犯罪，我们通过确保罪犯被抓到来做到这一点。假设我们有一套监视系统，如果有人犯罪，警察就可以抓到他们。就像我们对狗和猫那样，我们将微芯片植入它们的身体。我们始终知道它们在哪里。通过这样的监视系统，我们可以预防犯罪。但一方面，这赋予了政府巨大的权力，这种权力会被滥用。我们当然谁都不想成为犯罪的受害人；但另一方面，谁也不想让我们所有的行动时刻都被政府监视。边沁会站在哪一边呢？是安全，还是自由呢？我想他会写一本很厚的书来平衡这两种关切。另外，边沁认为，安全包括三个方面：一个是针对外部不法分子的安全，即针对外敌入侵的行为；另一个是针对内部的犯罪分子的安全；还有一个是针对统治者的安全，即防止暴政、防止统治者侵犯自由，等等。再说一遍，我不是在回答这个问题，而只是在说，边沁会从哪些角度来思考这个问题。

问：我有两个问题。第一个是，哈特和边沁的法律哲学在内容上是否有根本的区别？其次，穆勒似乎支持死刑，但在为死刑辩护的演讲中，他没有回应边沁的担忧。比如说，边沁说，如果我们错了怎么办？穆勒说，我们的法律体系很好，我们几乎不可能犯错误。穆勒在这个问题上忽视边沁，对此你有什么评论？

答：首先，我不知道穆勒有这个观点；穆勒的这个观点让我觉得很意外。我要先查阅一下穆勒的演讲。我没有办法回答这个问题。

关于哈特和边沁在法哲学上的区别。哈特同意边沁关于法律的实然和应然的区分。哈特认为，追问法律存在的事实和它本身是否是一部好法律确实是两个不同的问题；这个区分有助于我们理解法律的性质。这种区分与自然法传统有很大不同。哈特认为，这种区分说明边沁和他一样是法律实证主义者。另外，哈特和边沁都认为，对基本法律概念的分析是至关重要的。但哈特不同意边沁的法律命令论；他认为，法律是由规则组成的，这些规则包括可以解释刑法的设定义务的规则和可以解释民法的授予权力的规则。

我认为，边沁不是哈特那样的法律实证主义者，因为边沁认为，道德中立性是不可能的，而哈特却认为，他的普遍法学是道德中立的。我认为，边沁也许更像德沃金，或德沃金的理论似乎更符合边沁的精神，因为功利原则并不允许任何的道德中立性。每一个行为都有某种道德价值，都服从快乐和痛苦的支配，都只是为了获得快乐或者避免痛苦。

当然，法律理论要提供对法律的更好的理解，但什么是更好的理解呢？更好的理解是能带来更多的快乐的理解，这样，我们就又回到了功利原则。边沁认为，普遍阐述性法学的价值是以功利为基础的。哈特指出，对法律进行道德中立的描述是可能的、有价值的，并把这种学说归于边沁。哈特认为自己在这方面与边沁是一样的。我认为，这是有问题的，即边沁不是哈特认为的法律实证主义者；奥斯丁也许不同。

问：我有一个关于死刑的问题。贝卡利亚认为，国家无权剥夺人的生命。我很好奇边沁对死刑惩罚的看法，以及这些看法是如何影响英国的死刑改革的。

答：贝卡利亚对边沁的思想有很大的影响，边沁研究过贝卡利亚《论犯罪与刑罚》这本小书。从某种意义上说，边沁将贝卡利亚的思想系统化了。贝卡利亚的想法是功利主义和自然法的混合。你提到，贝卡利亚认为，国家无权判处死刑，这假定了某种自然权利存在于国家之上。边沁希望消除或摆脱这种自然权利的理念。不过，功利主义观点在贝卡利亚理论中占主导地位，边沁接受了这些论点，然后将它们变成了一种更系统的理论，这体现在《道德与立法原理导论》中。不过，即使不喜欢死刑，边沁也不愿诉诸自然生命权来反对死刑。边沁的观点是功利主义的，也就是后果主义。边沁一生中有几次死刑问题的讨论①。其中有一篇未发表的 1809 年手稿，文章的题目是《砍向佩利网的斧》(*A Hatchet for Paley's Net*)。佩利主张对很多罪行判处死刑，以提供最大的威慑力，但只在少数情况下由地方法官或王室酌情执行死刑。边沁主张废除死刑。他有三个主要论据。第一，与其他惩罚方式相比，死刑的威慑力是值得怀疑的；第二，佩利建议的做法具有任意性；第三，司法裁量会滋生腐败。1830 年，法国众议院考虑对查理十世手下刚被废黜的部长判处死刑，边沁再次明确提出反对死刑。其中的论据是，万一你搞错了，人死了，就回不去了，你不能让死人复活。边沁的另一个论据是，惩

---

① 编者注：边沁一生都反对死刑，他分别于 1775 年、1809 年和 1830 年为我们留下了三篇关于这个问题的文章。

罚的目的之一是改造，如果人死了，你就不能改造他了。圆形监狱，可以把每个罪犯都改造成有用的公民。边沁与康德的思路不同，康德认为，人们因犯罪所受的惩罚，是他们应得的报应。

边沁不认为惩罚是违法者应得的报应。他认为，惩罚是一种恶，所以你应该把它最小化。如果一个人可以劳动，他就可以用劳动收入来赔偿受害者。边沁提出劳役监禁，他认为终身监禁比死刑有更大的威慑力。边沁从一些渠道听说，有些罪犯宁愿被绞死，也不愿一辈子做苦工。他还举了一些实例，表明死刑被废除后，犯罪减少了，例如，美国一些州废除死刑，对减少犯罪产生了良好的效果。因此，边沁有各种各样反对死刑的论据。

第四讲

逻辑、语言和宗教批判

谢声远　译

一、逻辑、语言

1. 定义与虚构实体

让我们首先从边沁自己遇到的难题开始。他在 18 世纪 70 至 80 年代的早期著作中的主要工作方向是制定一部刑法典。正如我上周提到的，为此，他构建了普遍阐述性法学（universal expository jurisprudence）的理念。而在法学中通常需要定义、论述或解释一些主要术语，这些术语必定是任何法律体系的一部分，如权利、权力、责任、义务，等等。边沁意识到，此前对这些术语的定义是非常有问题的。常见的普通定义是采用亚里士多德的方法，即属加种差①（per genus et differentiam）。经典的亚里士多德定义法的例子是这样的：人是一种理性动物。人是包括在动物这个属概念中

————————
① 即把某一种概念包含在它的属概念中，并揭示它与同一个属概念下的其他种概念之间的差别（即种差）。

的，但人因具有理性的品质而与其他动物区别开来，这样就完成了对人的定义。我也可以再解释一下，比如说，椅子是一件家具，有一个可以坐的平面；或者，桌子是一件家具，有一个用来写字的平面，现在我们还可以说，它是用来放电脑的。我们也可以根据作用来定义，这都是传统定义方法的思路。边沁说，当涉及法律体系里类似权利、义务、责任等这些词语时，你不能使用这种传统定义方法，因为没有一个比权利更高的属概念可以包含权利概念，更不能通过权利的一些特殊性质把它与同属的其他概念区分开来。当然，向别人解释一个概念的另一种可能的方式是向他们展示它。如果我想向你解释什么是桌子，我可能会给你一个定义；但我也可能会给你展示一系列不同的桌子，你可以看到它，还可以触摸它，这样，你就会明白我说的桌子是什么意思。但是，你不能看到、触摸或闻到任何一项"权利"。这就关乎如何为法律体系的关键术语提供一个正确的定义，而这些术语正是所有法律体系的基础。边沁说，事实上，所有的抽象概念都属于这一类，不能用传统方法定义。边沁认为，这导致了文献著述中存在大量的混乱，以及人们在对法律、伦理和政治的思考方式上更广泛的混乱。

通过这样的介绍，我还想指出，许多评论家都认为功利主义或功利原则是边沁思想的根源或出发点，一切都以此为基础。但事实并非如此，因为还有一种更深层次的本体论和认识论在支撑着功利原则。边沁创造性地将外部世界的名词实体分为真实实体和虚构实体两类，通过语言作为二者的中介从而建构了他独特的本体论及认识论。边沁在《道德与立法原理导论》的开头提到的功利原则其实就是一个虚构实体（fictitious entity）。我在前面的演讲中还提到，《道德与立法原理导论》前言中列出的法律术语清单，例如义务、权利、权力、占有、资格、免除、豁免、选举权、特权、无效、有效，等等，都是边沁所说的虚构实体。它们被边沁放在真实实体的对立面。简而言之，真实实体是存在于物理世界的对象，而虚构实体是抽象名称。我应该说得更准确些：真实实体是存在于物理世界的对象的名称，我们是可以感知到它们的；而虚构实体也是我们需要经常使用的名称，正如边沁所说，如果没有这些指代虚构实体的词语，我们的语言将与动物或野兽的语言大体上处于同一水平，这些词语对人类的话语交流是必要的，对思想也是必要的。但是，我们应该如何理解这些我们一直在使用的指代虚构实体的词语呢？边沁认为，实际上到目前为止，这些词语仍然没有令人满意的定义。

2. 边沁本体论和认识论的意义

现在谈一谈关于边沁思想的学术研究。边沁研究自1960年代复兴以来，一直受到两个相关问题的困扰。第一个问题是到目前为止人们对边沁思想中本体论和认识论的关注度不够，而边沁本体论和认识论是功利原则成立的根本基础。边沁的功利原则本身有真实存在的基础，并且有理论上的支持。虽然人们对边沁的功利原则也进行了大量的讨论，但具体到边沁是怎样的功利主义者的问题上，人们往往并没有真正的深刻理解；甚至有一种看法认为，边沁很肤浅，只有方法，没有理论。为此我们必须关注他的本体论和认识论。

第二个问题是，当部分学者研究边沁深层次的哲学思想时——边沁称之为逻辑学，有时也称之为形而上学——有两个相互独立的观念经常被混淆，一个是"虚构"（fiction），另一个是"虚构实体"（fictitious entity）。我认为，这种混淆是由奥格登（Charles K. Ogden）在1932年出版的《边沁的虚构理论》（*Bentham's Theory of Fiction*）所引起的。

奥格登是一位重要的边沁学者，或许他是20世纪上半叶英国最重要的学者之一。他与剑桥语言哲学家——如维特根斯坦（Ludwig Wittgenstein）、理查兹（I. A. Richards）和罗素（Bertrand Russell）——有很大的关系，这些人在 20 世纪初都与剑桥大学有关，后来也都成为语言哲学家。奥格登为哲学史家所熟知，是因为他与理查兹合作出版了《意义之意义》(*Meaning of Meaning*) 这本书。他还有一件出名的事，就是出版了他与维特根斯坦的通信录。奥格登不仅是边沁的忠实崇拜者，还是一个很有意思的人。他发明了所谓的基本英语 (Basic English)；他的想法是，你可以以英语为基础，发明一种通用语言，即基本英语，这样你只需要使用大约 850 个单词就可以表达你要表达的任何东西。他认为，基本英语是一种更好的通用语言，类似世界语。这是一种有生命力的语言，而且很多人已经在使用了。不过，我这里只是告诉你们奥格登对边沁的兴趣，他从边沁那里得到了有关基本英语的灵感。他开发了一种有趣的圆形词轮 (panopticon word wheel)，可以展示如何用基本英语来构建句子。这是奥格登受边沁语言哲学与圆形监狱理念启发后的产物。我给大家提及基本英语，只是为了满足大家的好奇心。美国人对奥格登的基本英语很感兴趣，但它后来并没有流行起来。

回到奥格登《边沁的虚构理论》。奥格登将"虚构理论"一词与边沁关于语言和逻辑的著作关联起来。《边沁的虚构理论》这本书主要由奥格登对边沁一系列文本的摘录所组成。这些摘录分别来自《本体论片论》(*A*

Fragment on Ontology)、《司法证据原理》(*Rationale of Judicial Evidence*)、《论语言》(*Essay on Language*)、《论逻辑》(*Essay on Logic*) 以 及 《 功 利 主 义 学 校 》(*Chrestomathia*)，所有这些文本都来自鲍林版的《边沁文集》。于是，我们在奥格登《边沁虚构理论》中看到的是有点混乱的文本混合体。奥格登本人可能没有理解"虚构"和"虚构实体"这两个概念之间的区别[①]，我们大概也不会知道他为什么选择"虚构理论"(Theory of Fiction) 作为书的标题，但我认为，他的选择给后来的学术研究造成了一些混乱。

我想尝试消除有关边沁本体论和认识论中主要术语的歧义，从而澄清这些术语的正确使用方式。这是我一

[①] 边沁早期著作中讨论虚构（fiction）概念的语境，是当他对英国司法制度弊端展开批评时，他此时讨论的是法律范畴内的对象；而虚构实体（fictitious entity）概念的语境是边沁关于语言的哲学思考和对他的虚构实体理论的建构。第一种法律范畴语境中的 fiction（中文常常将此语境下 legal fiction 称之法律拟制，即将 fiction 翻译为拟制）是被边沁认定的为"邪恶利益"服务的一种"坏"的法律工具安排；而第二种语境"虚构实体理论"中的 fictitious entities 概念是被用来建构边沁本体论的。这是两种完全不同内涵的 fiction 概念，且完全不是可以在同一个层面上进行比较的主体。斯科菲尔德教授不主张使用 theory of fictions 这个表达，担心人们可能会将"虚构"（fiction）与"虚构实体"（fictitious entity）相混淆。他认为，边沁只是偶尔用这个术语，因此，在讨论边沁本体论时，更准确也更少引起混淆的做法是使用 fictitious entity。

直以来在做的工作。我写了一些文章，试图改变一些人的认识，但人们仍然很难理解"虚构"和"虚构实体"之间的区别。我所做的一件事是编辑和整理边沁关于逻辑和语言著作的新版本，可惜它们还没有出版。目前相关文本材料的整理已经做得差不多了，但在注释上还有相当多的工作要做。而我至少从已经整理出版的作品中、从对边沁原稿的整理中获得了启发。

奥格登使用的鲍林版文本是由史密斯（Thomas Southward Smith）编辑的，他是边沁的医生，一位内科医师。史密斯在处理边沁手稿方面做得并不好，他并不擅长编辑工作，他对边沁手稿的转录有问题。更糟糕的是，整个手稿的顺序安排有问题，而正确排序对理解文本来说至关重要。我今天没有时间进一步详述这些问题。当然，我不认为史密斯是故意这样做的。伦敦大学学院边沁中心的目标是尽可能按照边沁本人的原来意图来呈现他的所有文本。如果我们能够编辑并尽早推出边沁关于逻辑和语言等哲学著作的新版本，那就太好了。①

3. 虚构（fiction）

我认为，给读者提供准确的边沁文本是边沁研究的

---

① 已从斯科菲尔德教授处获悉，伦敦大学学院边沁中心已经将边沁关于逻辑和语言的著作编辑整理项目列入新版《边沁全集》计划，已于 2023 年内启动。

一个重要步骤。边沁本人从未提及"虚构理论"这个词，有必要首先给大家解释一下边沁的"虚构"概念，这样才能把"虚构"和"虚构实体"区分开来。对边沁来说，"虚构"是有意识的谎言或假话。回忆一下我之前提到的边沁在《政府片论》中谈到的内容。他说，英国法的特点是它包括了很多纯属虚构的废话、不合理的程序细则、保守陈旧性、不规则性和不一致性。边沁指出，最重要的是"虚构（或拟制）的瘟疫气息（the pestilential breath of Fiction），毒害了它所影响的每一种法律文件的意义"。从边沁其他著作中也可以看出，边沁将此类虚构视为谎言，而法律改革的重点之一是删繁就简，摆脱所有的虚构。这里的虚构是指法律人用来增加他们收益的谎言，而人们不得不为此支付高额的律师费；这是以牺牲最大多数人的利益为代价的。边沁在这里将虚构与谎言等同起来，他的愿望是去除虚构，与此对应，他对真理有强烈的全面承诺。重申一下：虚构是一个错误的命题或陈述，而边沁的虚构实体的理论旨在说明抽象词语的含义：虚构实体是术语或名称，它们并不是命题。所以我认为，从边沁原先的想法来说，用"虚构"来命名边沁的语言或逻辑哲学是不合适的。

4. 虚构实体和真实实体

边沁引入虚构实体概念的重点在于真实实体和虚构

实体间的区别。真实实体是存在于真实物理世界中的对象，而虚构实体是在我们的话语中被假定为存在，但在真实物理世界中并不存在的实体。边沁说，我们的日常语言的实践中原本就已包含了一个混淆的源头：真实实体和虚构实体在语法上都是名词，例如，桌子是一个名词，权利是一个名词；人们知道桌子是真实存在的实体，所以人们就认为权利与桌子以相同的方式存在，但事实并非如此。

5. 真实实体

我首先要详细解释一下真实实体的意思。我们要把边沁放在更大的经验主义传统中：先回溯到洛克，经由休谟，再到边沁。大家知道边沁在很大程度上受到了洛克和休谟的影响。但是，我们会看到，边沁也提出了他自己的原创性想法——一些与语言的性质有关的想法。边沁关于逻辑的主要著作被命名为《论逻辑》，它写于1813—1814 年左右，这在他的写作生涯中已经算是相当晚了。但实际上，边沁关于真实实体和虚构实体的想法在 18 世纪 70 年代早期的手稿中就已经有了。所以，我认为，从学理逻辑上讲，边沁功利原则的理论基础是他的本体论和认识论；从时间上看，也是如此。

考察边沁本体论的源头是很有意思的。它很可能是法国唯物主义思想家爱尔维修（Claude-Adrien

Helvétius）的著作，他的思想可能对边沁产生了重要影响。在《论逻辑》中，边沁解释说，我们所感知（perceive）的是物质（matter），即物理宇宙中的东西，他也称之为有体物（corporal bodies）；这些有体物作用于我们的感官（senses）后便产生了印象（impressions）。严格说来，我们感知的其实是印象；作为感知对象的物理世界中的客体本身，只是相对遥远的渊源。物理宇宙之存在这项事实，其实是我们从感知中推断出来的。因此，关于我所坐的这把椅子，我是从我对它的感知中推断出它的存在的。触觉、视觉、听觉、味觉、嗅觉——这五种感官是感知的来源。严格来说，整个物理宇宙只是从我们的感知中推断出来的。我们的感知或许会系统地歪曲了物理宇宙，但我们可以忽略这一点，因为我们的感知是不是系统地歪曲了物理宇宙——我们无从得知。而另一方面，边沁说，有时事实表明，根据感知，我们可能作出错误的推论。他举例说，你听到外面有声音，以为是在下雨，但往外看后，才发现不是在下雨，而是风吹动树叶。所以，我们会错误地理解我们的感知，但边沁仍然说这点可以忽略。边沁说，担心我们的推论是否系统地曲解了物理世界是没有意义的，我们不得不接受我们的感知，同时承认我们可能会错误地理解它们。正如边沁所说，假设被感知的东西存在，我们的生活会因此而变得更好。边沁说，假定你对面的有形实体不存在，你然后根据这种假定来行动，痛苦的感觉将立刻证明你错了并反对你的这个假定，成为对你的惩罚。比如我如果假设身后的墙不存在，当我试图穿过它时，我的头便会撞到墙上，我就伤害了自己。因此，似乎有很好的、实用的理由来接受我们关于物理宇宙之存在推论的有效性。但在这个物理宇宙中，边沁区分了两种真实实体：真实实体本身（real entities as such）和被推论出的真实实体（inferential real entities）。因此，虽然你现在看不到我的这张桌子，但它就在这里，我可以感知到它，所以它是真实实体。另一方面，如果发现沙滩上有脚印，我就可以假设有人在我之前的某个时间在沙滩上走过；即使我看不到那个人，但他已留下了脚印，那个人便是被推论出的真实实体。这在法庭上是很重要的。你可以使用推论来给一个人定罪：即使他们犯罪没有被直接目击到，但如果他们留下了证据，我们就可以从这些证据中推断出他们在特定时间和地点存在，从而可以将罪行归咎于他们。但边沁还特别提到，上帝和灵魂是被推论出的真实实体。这很重要，尽管这引起了很多争议。这是说，如果上帝存在，我们就能感知到他；在这种情况下，我们把他算作被推论出的真实实体。边沁在这里依靠的是《圣经》和保罗的话。保罗说，没有人曾感知过上帝；如果是这样的话，我们只能从证据中推断出上帝的存在，而宗教人士会说，世界就是上帝存在的证据。我们前面提到的佩利（神学功利主义的代表），曾提出了设计论论证（the argument from design）。他认为当环顾世界时，我们就会发现关于设计（contrivance）或发明（invention）的证据。他说，走过一片田野，如果你发现一块石头，你不会去想太多，那只是石头而已；但是，假设发现地上有一个钟表，我们会认为，它必定是在某时某地有一位或一群工匠出于某种目的——为了指明时间——而制造出来的。世界也是如此被创造出来的。以眼睛为例：它如此这般地转动，聚焦于不同对象，还受到泪腺的保护。所以你可以见到它的设计（contrivance），而有设计或发明的地方就一定有创造者或发明者。一切造物（creature）都必定有一个创造者。上帝创造了眼睛，还有其他动植物，在这个意义上，你推断出了上帝的存在。但边沁所说的是，你是否相信上帝的存在，取决于这种推论有没有说服你。边沁本人根本没有被说服。但就像任何其他实体一样，这取决于你是否感知到了它；你是否相信它的存在取决于你是否被说服。举个例子，虽然我从来没有去过复旦大学，但我非常相信它确实存在。我也相信，我现在实际上是在与真实的人交谈，而不是仅与屏幕上的图片交谈。我们是否相信被推论出的真实实体的存在，取决于我们是否被相关的证据或推论所说服。到目前为止，我们都是在讨论物理宇宙中的真实实体。

6. 虚构实体

虚构实体的首先表现形式是抽象名词（abstract noun），它们在法律和伦理中是如此重要，但对边沁来说，它们有待说明。一个虚构实体没有任何的物理性存在。它也不是像桌子这种家具一样的东西，所以我们要知道如何理解这些词所代表的东西。我们谈论它们，就好像它们确实存在——这是说得通的。我可以说，我有权利在街上行走而不受干扰，我有权利使用某种作为我的财产的物品。然而，没有人看见或触摸过一项"权利"。我不能说，我看见一项权利从空中飞过，落到我身上。因此，我们需要解释这些指代虚构实体的术语，边沁为此力主使用三种量身定做并适合于其特性的全新阐释或分析的技术方法。我认为，这些技术方法是边沁发明的，他也认为是他自己发明了这些技术方法：它们包括补缺（phraseoplerosis）、训释（paraphrasis）和原型化（archetypation）。

让我们从补缺开始，它是这么拼写的：PHRASEO-PLEROSIS。它来自希腊语，补缺即把一个词语补全和转化成一个句子或命题。我说"火"，"火"这个词的说法本身并不能表达一个完整的意义。我们要把这个词放到一个句子里或命题里，才能知道它的意义。当我说"火"时，我的意思可能是：大楼里起火了，我们得逃离这栋楼；或者，我要我的仆人给我生火；或者，我可能是战场上的指挥官，命令士兵开火攻击。因此，意义的基本单位，不是词，而是命题或句子。边沁认为，一个有意义的句子必须要包含一个作为主语的名词、一个作为谓语的动词、一个连接词以及存在的概念。他认为，这四个要素对最基本的句子是必要的。通常为了使句子有完整的意义，可能需要更多的背景或填充。假设我们有一个虚构实体，我们采取了补缺的技巧，于是有了这样一个句子："我有权利使用我的财产。"

　　为了理解"权利"一词，边沁说，我们需要第二种技术，即"训释"。"训释"是把一个包含虚构实体的命题转化为一个包含真实实体的命题，也就是说，你把一个句子翻译成另一个意思相同的句子，但把其中的虚构实体替换成真实实体，或者接近真实实体的实体。边沁给出了许多虚构实体的例子。边沁说，他不是在为它们提供定义，而是提供说明（exposition），因为定义是与亚里士多德联系在一起的方法。应该如何理解"权利"这个术语呢？边沁说，说明权利就得说明义务这个词。义务是与权利相对应的（correlative）概念，我的义务就是你或其他一些人有权利让我去做的事：我对你有义务，你对我有权利。他继续说，你有权利要求我做的事，如果我没有做，我就会受到惩罚，惩罚是施加痛苦。因此，我有权利获得某种东西或某种服务，意味着你有义务提供这种服务或不干涉我使用这种东西；如果你不这样做，你将受到惩罚：立法者告诉相关官员，如果你不向我提供服务，他们就得惩罚你，惩罚是施加痛苦，痛苦是真实实体。这样一来，对权利的说明，就转化为对物理世界中的物和事态的说明。因此，对虚构实体的任何说明都必须与边沁所说的真实实体即物理世界中存在的事物和事态关联起来。换句话说，真实实体是真实存在的个体，虚构实体是速记符，就像代数一样，它是谈论真实存在的物和事态的一种方式。作为速记符，虚构实体有必要通过"训释"技术方法来被说明：这种说明不是把一个词改变或翻译成另一个词，而是把包含该词的句子翻译成包含真实实体的另一个句子。对边沁来说，这是他的法哲学思想的关键。边沁也把功利原则视为虚构实体：不存在功利原则这个东西，我们不能感知到功利原则。当我们谈论功利原则时，我们谈论的实乃功利原则的追随者，而功利原则的追随者是赞同促进共同体幸福的人。幸福必须从作为真实实体的痛苦和快乐来理解或说明；共同体必须从作为真实实体的、组成共同体的个人来理解或说明。这种"训释"的技术贯穿了边沁的整个写作生涯，是他思想的基础。

7. 原型化

最后，原型化是边沁的第三种技巧。我认为它应该得到更多的关注；我也希望边沁本来就这个话题可以写得更多一些。边沁说，原型是某些观念在我们脑海中唤起的形象。其中一个例子是义务的观念。原型化可以帮助我们迅速理解承担义务意味着什么。当思考义务是什么时，我们的头脑不会经历补缺和训释的过程。相反，我们脑海中会出现一个形象：例如，一个人背负装满了石头的袋子。我们脑海中的形象都是以物理世界中的存在为基础的。例如，英语中的介词，如"with""on"和"in"等，都能在头脑中唤起某种物理形象。在某些情况下，它们的确具有物理意义。所以，我们可以通过原型化来帮助理解某些抽象观念。比如，我坐在椅子"上"；历史是人文学科的一个研究"领地"：领地就是一个物理形象。

8. 虚假（神化）实体和非实体

边沁也讨论了虚假实体（fabulous entities）。一个虚假实体，如果的确存在，便是真实实体。边沁说，我们可以把两个真实实体的观念放在一起，比如行星和黄金合在一起便有了黄金行星的观念，或者类似钻石乒乓球、金山等观念，还有文学中的形象（哈姆雷特或哈利·波特）。根据边沁的术语，这些都是虚假实体。虚假实体的名词可以在脑海中唤起某些形象，但我们并不真的认为它们存在。

边沁还讨论了非实体（non-entity），即某种不存在的东西。某个东西，如果既不存在于时间中，也不存在于空间中，就是一个非实体。所以，虚假实体是非实体。但是，边沁认为，最基本、最重要的区别是真实实体和虚假实体间的区别。我并不是说，边沁的本体论不存在问题，而是说，这一区别值得更多的关注。我认为，边沁的本体论是唯物主义。物理世界中的物与事态是存在的。我们通过感知来了解这个物理世界，而这种感知是主观的，我们并没有感知物理世界本身，而只是感知我们的感知，它们也可能是错误的。我们还对物理世界中的存在进行推论，这些推论也可能是错误的。

边沁说，许多人受到的一种错误影响与自然权利观念有关。自然权利是当今人权的前身，边沁拒绝承认自然权利或人权：他认为自然权利是胡言乱语。他写于1795年法国大革命时期的著作《胡说八道》（*Nonsense Upon Stilts*）中有一句名言：自然权利观念是胡言乱语，自然的和不可侵犯权利的观念是极端的胡说八道。边沁之所以采纳这种观点，最终是因为他的本体论。我曾简短地提到过《政府片论》的一段话，在这本书中，边沁说，权利是由立法者强加的义务产生的。换句话说，法律权利是实在法的产物，法律是由真实的人制定的。边沁说，自然权利的立法者并不存在。于是，自然权利成了每个人都想要的、因人而异的东西。下一次讲座会讨论边沁和法国大革命，我会有更多时间来详细说明这个问题。有人会认为，是上帝创造了自然权利，就像上帝创造了自然法那样。但是，边沁说，关于上帝，我们能知道什么？实际上我们一无所知；所有关于上帝的讨论都是无稽之谈。为什么？我们所有的知识都来自感官经验，来自对物理世界的经验。如果上帝是超自然的，我们不可能有关于上帝的经验，因为我们不可能获得超自然的经验。边沁会认为，信仰上帝没有意义，讨论对上帝的信仰或不信仰也没有意义，这些谈论都是毫无根据的。这与艾耶尔（A. J. Ayer）在关于逻辑实证主义（Logical Positivism）的讨论中的观点非常相似。

二、宗教

下面讨论边沁关于宗教的著作。边沁有许多宗教著作，但大多数都不是很有名。我认为首先要强调的是，边沁的立场是应该有宗教自由。关于边沁的宗教思想，曾有一位评论者指出，边沁想强迫人们成为无神论者。我认为这是完全错误的说法，没有任何证据可以证明这一点。边沁反复强调，他想要的是宗教自由，人们自己决定是否信仰宗教；但另一方面，他想说服人们，在成为上帝的信徒之前，他们应该先成为功利主义者。他认为，宗教对人类幸福是有害影响的一个领域涉及性道德。基督教会的一个传统观点是，人们只应该有良好的性行为，即一个男人和一个女人结婚后为了生育孩子而发生性行为。就基督教会来说，唯一道德的性行为或被允许的性行为形式是男人和女人在婚姻的范围内为生育孩子而发生的性行为。边沁认为，这相当于所谓的禁欲主义，即否定快乐，这与功利原则相反。他在《道德与立法原理导论》的第二章中讨论了禁欲主义的原则，我就不继续展开了。边沁的理论世界是宏大的，目前我们只触及了这个宏大理论的表层，但至少我们已经行动了。

边沁认为，性是所有快乐中最强烈的，然而很多性行为或性快乐被教会的教导否定：未婚者间的性行为，或者至少是没缔结夫妻关系的两人间的性行为、男人与男人间的性行为、女人与女人间的性行为、人与无生命的物体的性行为、人与动物的性行为、人与尸体的性行为……所有这些性行为都是快乐的潜在来源。性行为不只包括两个人参与的性行为，还包括任何数量的人——无论性别——参与的性行为。所有这些潜在的快乐或享受都被教会和法律所扼杀或阻止。我们已经提到过，布莱克斯通认为，同性恋是违反自然的罪行，它被认为是比强奸更严重的罪行。在边沁的年代，在英国，有很多男子因同性恋关系而被施以绞刑；很多人的名誉因此被毁掉，很多的灾难和痛苦也因此而被造成。

边沁的一种典型的推理方式是追溯到耶稣对性的看法，或推断出耶稣在性问题上的立场，这是因为那些自称为基督徒的人正在谴责同性性行为或婚外性行为。鉴于他们是基督徒和基督的追随者，他们应该相信什么？

图13是抹大拉的玛丽亚的图片，她是基督的追随者之一。圣经中有两个玛丽亚，她们经常被混为一谈。抹大拉的玛丽亚，据说是一个妓女，一个耶稣的追随者。这是悔改的抹大拉的玛丽亚的形象，她要把油膏涂在耶稣头上。在《圣经》中，有四篇关于耶稣生活的记载，分别见《马太福音》《马可福音》《路加福音》和《约翰福音》。《路加福音》第8章第1至3节说"耶稣周游各城各乡传道，宣讲神国的福音。和他同去的有十二个门徒"，这里提到了12个男门徒。"还有被恶鬼所附、被疾病所累、已经治好的几个妇女，内中有称为抹大拉的玛丽亚，曾有七个鬼从她身上赶出来，又有希律

图 13　《抹大拉的玛丽亚》，油画，卡洛·多尔齐（1616—1686）绘制

的家宰苦撒的妻子约亚拿，并苏撒拿，和好些别的妇女，都是用自己的财物供给耶稣和门徒。"① 边沁认

———————

① 译者注：中译是采用和合本。

为，耶稣是一个正常的男人，他有和其他男人一样的需求和欲望，所以耶稣在他的追随者中有这些女子。《利未记》说："人若与男人苟合，像与女人一样，他们二人行了可憎的事，总要把他们治死，罪要归到他们身上。""人若与兽淫合，总要治死他，也要杀那兽。""妇人有月经，若与她同房，露了她的下体，就是露了妇人的血源，妇人也露了自己的血源，二人必从民中剪除。""你们要守我的律例。不可叫你的牲畜与异类配合，不可用两样掺杂的种种你的地，也不可用两样掺杂的料作衣服穿在身上。"① 《申命记》："若遇见人与有丈夫的妇人行淫，就要将奸夫、淫妇一并治死。"这些是圣经或基督教会中的禁欲主义的基础形式；据说摩西向人类宣布了这些涉及性行为的律法，违反这些律法者要受死刑。

我们现在来看耶稣生命的另一个场景，即在客西马尼花园的背叛。耶稣的门徒加略人犹大给耶稣一个吻，借此向耶路撒冷的犹太警察表明谁是耶稣；然后犹太警察逮捕了他；他被带到罗马总督本丢·彼拉多（Pontius Pilate）面前，被定罪并钉上十字架。

图 14 是早期现代对这一场景的描绘。你可以看到

---

① 简体中文和合本。

图 14　《耶稣蒙难》，老约尔格·布劳尔绘制

其中是一片混乱。耶稣的门徒们都跑开了，除了耶稣左

下方的年轻人，他穿着绿色的披风。下面是《马可福音》（边沁读过的版本）中的描述："有一个少年人，赤身披着一块麻布，跟随耶稣，众人就捉拿他。他却丢了麻布，赤身逃走了。"边沁说，詹姆斯一世的钦定版本中有个翻译错误：希腊文《马可福音》第14章没有说有个年轻人"跟随"（followed）他，而是说"一直跟随"（was following）他，所以这是一种更长久的关系。边沁说，鉴于这个人的穿着，他可能是一个男妓。他一直跟随耶稣，而且当其他门徒逃离时，他是唯一和耶稣在一起的人，这些表明他们有一种特殊的关系。边沁还用"最后的晚餐"的记载来支持这一点，就是耶稣在被出卖和被钉死前与门徒的最后一次晚餐。《约翰福音》（13：23—25）说："有一个门徒，是耶稣所爱的，侧身挨近耶稣的怀里。西门彼得点头对他说：'你告诉我们，主是指着谁说的。'那门徒便就势靠着耶稣的胸膛，问他说：'主啊，是谁呢？'"这段话的背景是，耶稣告诉门徒说他们中有人要出卖他；西门彼得就问是谁；与此同时，耶稣所爱的这个门徒躺在他的怀里。圣经没有说这个门徒是谁，但传统上认为是约翰。我认为边沁的重点，是说有一些证据表明他是同性恋者。如果耶稣本人有可能参与这种关系，基督徒又有什么证据来支撑他们的信仰，认为男性间的性行为应该被禁止呢？

边沁还指出了人类性行为的不同模式，特别是在古代希腊和罗马世界，即耶稣生活的时代。当时，同性恋在希腊人和罗马人中被认为是很正常的。古代世界的许多英雄都有同性恋关系，无论是苏格拉底（他被基督徒所称赞）、柏拉图、亚历山大大帝、恺撒大帝、马克·安东尼，还是西塞罗，所有这些著名人物都有男性恋人。所以，边沁能诉诸古典文献来表明人们对性行为的不同态度。他说，认为某些形式的性行为是不自然的想法没有任何意义，因为所谓的自然仅仅是指被普遍接受的做法。边沁认为，所谓自然的做法应该受到功利原则的检验。如果你将性道德置于功利原则之下，你就会像边沁那样，得出一个观点，即性关系或性行为应该取决于相关个体的选择。因此，边沁或许是第一个为性自由进行哲学辩护的人。

《边沁全集》已出版了一卷边沁关于性道德的著作，即《非常规性行为及关于性道德的其他著作》（*Of Sexual Irregularities, and Other Writings on Sexual Morality*），见图 15。在理解边沁方面，这本书对读过它的人会产生革命性影响。边沁远不像马克思所说的那样，是 19 世纪资产阶级的平庸见识的乏味、迂腐和无聊的先知（that insipid, pedantic, leather-tongued oracle of the ordinary bourgeois intelligence of the 19th century）；

图 15　《非常规性行为及关于性道德的其他著作》书影，牛津大
学出版社 2014 年出版

他似乎更现代，或者他的性道德更进步。

事实上，这只是他对基督教和宗教的宏大批评的一小部分。就他所处的社会而言，基督教当时是最重要的，所以他重点关注基督教，写了一系列的手稿，取名为《朱格纳》(*Juggernaut*)①。从某种意义上说，这个名字体现了边沁对宗教的态度，即信仰宗教的人将被宗教摧毁。他的建议是通过劝说而非武力让人们放弃宗教。他要告诉人们，如果不相信宗教，他们会更幸福。边沁关于宗教的思想，还有很多东西可以讨论，在研究边沁手稿方面还有很多工作要做。他把自然宗教作为抨击的对象之一。宗教理论家佩利说，上帝创造了世界，信仰上帝会带来幸福。但边沁认为，这样的上帝更有可能使人们感到沮丧、痛苦，而不是对未来的天堂充满希望。边沁认为，一旦他批判了自然宗教，他就可以转向批判启示宗教。在批判启示宗教时，他首先批判保罗。

---

① 14世纪早期，方济会传教士修道士奥多里克（Friar Odoric）将关于巨大马车的故事带到欧洲，这辆马车载着印度教毗湿奴（毗湿奴的名字是Jagannath，字面意思是"世界之主"）的形象，在印度的街道上游行。奥多里克报告说，一些礼拜者故意让自己被压在车轮下，作为毗湿奴的祭品。这个故事很可能是对实际事件的夸大或误解，但它传遍了整个欧洲。这个故事激发了英国听众的想象力，他们开始用juggernaut指代巨大的交通工具（如蒸汽机车）和其他具有强大碾压能力的实体：这种巨大的交通工具，一旦启动，便难以停下来。

基督教的信仰主要依赖两个来源，一个是《使徒行传》（*Acts of the Apostles*）和《保罗书信》（*Epistles of St. Paul*），另一个是耶稣的四本福音书。边沁认为，通过保罗可以破坏传统宗教信仰的事件，证明他是一个野心勃勃、攫取权力的骗子。当然，人们会说，我们仍然可以依靠耶稣。边沁对耶稣有更多的同情。但他也批评耶稣，尤其是耶稣对他有神圣使命的声称；他说这反而表明耶稣只是另一个失败的革命者。边沁的所有观点旨在打破基督教和宗教的证据的可信度，破坏人们对上帝之存在和仁慈的推论，让他们集中精力来思考自己的幸福如何在这个世界实现，而不是去担心来世。

三、问答环节

问：关于您对功利原则的评论，我有一个问题。您在一开始提到，边沁思想的基础不是他的功利原则，而是他的形而上学，即他的本体论和认识论。您也提到说，功利原则是真实的或正确的（true）。我想知道，当您说边沁认为功利原则是真实的或正确的，这是什么意思？功利原则可以被翻译成快乐和痛苦的语言，所以它是一个有意义的原则；对此，我可以理解。我认为，边沁说功利原则是真实的或正确的——这种说法或许与

《道德与立法原理导论》中的以下两点是不兼容的：首先，边沁说，功利原则是推理链的开始。如果要作任何论证，你必须从某个地方开始，边沁认为功利原则是终极的开端。第二，边沁说，原则是一种情感（sentiment）。功利原则也是一种情感，如此一来，它必然是某种情绪性的东西。这就是我的困惑。

答：谢谢，这是一个非常深刻的问题。尽管我可以敷衍说，我这么说，只是为了追求戏剧效果，为了给人留下深刻印象。但我真正想说的是，功利原则是道德的真实或正确基础。我应该说得更清楚一点。这涉及功利和真理间的关系这个大问题：功利和真理，哪一个是优先的，这一点很难讲清楚。他认为，它们具有某种共生关系。如我所说，功利原则是道德的真正基础。与之相反的禁欲主义是道德的错误基础。第三种原则，即边沁说的同情和厌恶原则或任性原则——边沁把所有其他道德主张都归入同情和厌恶原则的范畴——也是道德的错误基础。它是错误的，因为它只考虑了提出相关主张的人的利益，或者这个人要取悦的一小群人的利益。边沁说，道德感之类的东西是道德的错误基础；它假设我们人类有第六感，可以告诉我们某个行为是对还是错；这就相当于我们今天所说的直觉主义。边沁会说，所谓的道德感要么是偏见（prejudice），要么是成见

(pre-conception)，都只考虑提出道德感者自己的想法。它没有考虑由特定行为引起的快乐和痛苦的感觉。道德感并不存在；没有证据表明我们拥有一种像听觉或视觉一样的道德感官，告诉我们一些想法或行为是正确或错误的。我们的良心或意见是我们通过教育、习惯或思考所学到的东西，不是通过道德感而得知的。反之，功利原则是以世界中的事实为基础的，这些事实即现实世界中的痛苦和快乐。谈论事实，就是在谈论真理，因为真理与物理世界中实际的事件和事态有关。这就是为什么我说功利原则是真实或正确的。当然，这里的确有一个问题。边沁的确说，功利原则是一种情感，所以它需要一个更仔细的"训释"；我刚才的说明听起来更像是一种对心理事实而非伦理的陈述。功利原则的信奉者是赞同促进福利或现实世界中幸福的观点或行为的人。必须强调的是，任何像功利这样的伦理术语都没有任何意义，除非我们用"训释"把它与物理世界中的事实联系起来。功利原则考虑了由相关行为引发或制造的所有的痛苦和快乐，而同情和厌恶原则只考虑到了其中的一部分，后者没有准确反映现实世界中发生的事实。这是我目前能对你的问题所做的最好的回答。

问：边沁试图将对抽象概念的分析建立在物质的相互作用的基础上，我想知道，功利主义如何继承了托马斯·霍布斯（Thomas Hobbes）的论证思路？

答：霍布斯对功利主义的影响是一个有趣的问题，因为霍布斯在 18 世纪没有得到普遍认可。人们当时对他的解读是，他消解了国王的合法权威，为克伦威尔的政权辩护。现在大多数学者不再这么解读他了。但霍布斯在 18 世纪并没有太大影响，可以说是功利主义者复兴了对霍布斯的兴趣。在心理学方面，你可以看到边沁和霍布斯之间的联系，两者都认为人们是被趋乐避苦的心理驱动的。霍布斯比边沁更强调权力的概念。也许霍布斯的人性要比边沁的人性更自利。边沁受到了休谟的影响，强调人的同情心。霍布斯赞同社会契约论，但边沁不认为这是政府的基础；霍布斯似乎也接受自然法观念。我认为，霍布斯的心理学的一些成分对边沁是有启发的，但边沁本人很少提及霍布斯，只是偶尔提到。所以我认为，霍布斯对边沁的影响，或许是通过其他的渠道发生的。对边沁来说更重要的是洛克：不是《政府论》（*Two Treatises of Government*）中支持社会契约论和自然权利论的洛克，而是《人类理解论》（*An Essay Concerning Human Understanding*）中的洛克，也就是在当时的英国被普遍接受的洛克。洛克的《政府论》在 18 世纪的英国并不代表主流观点：对 18 世纪来说，它也许太具有革命性。在当时，洛克的《人类理解论》是对人类的动机、心理和语言的标准说明。经休谟的调整，它对边沁产生了巨大的影响。但训释的技术是边沁的创新。关于功利主义的第一篇系统论述，据说是由一个叫盖伊（John Gay）的人写的。除了知道他在剑桥待过一段时间外，我们对他所知甚少。这篇论述的目的是反对苏格兰哲学中的道德感学派。从某种意义上说，功利主义是作为对道德感学派的回应而发展起来的，它提供了一个替代版本，我们有必要对18世纪功利主义在英国的出现做更多的研究工作。

　　问：我真的很惊讶，听到边沁关于耶稣的说法，即暗示他可能与多个女人甚至男人发生过性关系。即使在18或19世纪的英国，这也一定被认为是极端的渎神行为。我想知道，这些说法是如何被接受的？

　　答：这是一个非常好的问题。边沁并没有公开发表这些内容。是的，你说得很对：如果边沁的这些观点被人知道，边沁会被定罪为法外狂徒，他会声名狼藉。事实上，边沁研究中心的工作人员一直很感兴趣的一件事是，边沁当时的手稿被整理为文件夹，它们在1930年代被编了目录；关于性道德的这些作品，1936年档案员在所编的文件夹目录上写道："如果现在出版，将会被检控。"所以，这些作品直到1936年仍然是亵渎性的。耶稣可能与男子有过性行为的说法在20世纪90年代被提出来时曾引起了宗教人士的愤怒。边沁大部分宗教著作到目前仍然没有出版。当年唯一以边沁名义出版的是1818 年一本名为《英格兰教会主义及其教义问答》（*Church of Englandism and its Catechism Examined*）的著作。与其说这是一部神学著作，不如说是一部政治著作。尽管其中有一些神学观点，但它实际上是讨论英国国教的政治腐败及其对教育的影响。边沁认为，教育不应该受到宗教的影响。这可以追溯到他自己的经历，为了获得学位，他当年不得不签署认同英国国教的 39条信纲。当时为了在牛津或剑桥大学获得学位，你必须是英国国教的成员。英国国教还建立了一个学校系统，孩子们在那里被教导英国国教的教理问答，他们必须签署认同英国国教的信仰大纲。边沁指出，这些信仰大纲是无稽之谈，不应该要求人们认同；在这个意义上，宗教应该与教育分离。而这就是我所在的伦敦大学学院被创建的原因，作为这个国家的第三所大学，它对学生没有宗教信仰方面的要求。当时有一部作品，叫《自然宗教对人类尘世幸福的影响分析》（*Analysis of the Influence of Natural Religion on the Temporal Happiness of Mankind*）。这本书是在 1822 年出版的。它由格罗特（George Grote）编辑，格罗特是边沁的一个朋友，无神论者。这本书以边沁的手稿为基础，但在很大程度上也包含了格罗特自己的想法,当时是以笔名出版的。以笔名出版的另一部作品是《不是保罗,是耶稣》(*Not Paul, but Jesus*);其中,边沁认为保罗的宗教与耶稣的不同。这是边沁规划的三卷本的第一卷。这本书在 1823 年同样以笔名出版,边沁提出,耶稣的宗教至少是可以接受的,而保罗的宗教不可接受。后来,在关于性道德的更极端的作品中,边沁对耶稣进行了批判,在《朱格纳》的手稿中更对保罗展开了进一步的批判,这些是第二卷和第三卷,它们从未被出版过。边沁有关宗教的著作被排除在鲍林版之外,这是因为,鲍林认为,出版边沁的宗教著作会使边沁的整个思想名声扫地。在 19 世纪中叶,宗教情感在英国社会内复兴,同样也存在向世俗主义的持续转向。从宗教信仰到世俗主义并不是一种简单的、直接的过渡。相反,在 19 世纪中期的英国,宗教感情有一定的复兴。这就是对你的问题的回答。他没有被检控迫害,因为他的这些手稿没有被印刷和出版。

第五讲

从法国大革命到英国议会改革计划的政治思想

陈力 译

（主持人在开场介绍中提及斯科菲尔德教授 2006
年的著作 *Utility and Democracy* 并询问教授近年来是否
有新的认识，教授的回答是仍然认为邪恶利益在边沁政
治思想发展的过程中起着关键作用。）

一、背景

在前几次的讲座中，我已经介绍了边沁的伦理学思
想、功利原则、法律理论和哲学思想，最后两场讲座主
要介绍他的政治思想及《宪法典》。今天先讲政治思想
方面的内容。

我们首先要了解边沁思想发展的背景，边沁关于政
治思想的思考与写作有两个大背景，一个是美国独立战
争；另一个是产生了很多令人恐惧场景的法国大革命和
拿破仑战争。

传统上认为，法国大革命于 1789 年爆发，其标志

是巴黎巴士底狱被攻占。英国和法国在 1793 年年初开始了战争；除了几次短暂的中断外，那场席卷整个欧洲的战争，直到 1816 年滑铁卢战役才结束。 19 世纪 20 年代，英国开始了政治改革； 1832 年通过了改革英国议会制度的改革法案（the Great Reform Act），边沁也是在 1832 年去世的。以上这些大事件，是边沁政治思想形成的时代背景，而另一方面，这段时间，英国的工业和经济都取得了惊人的迅速发展。

二、政治思想

1. 自由与安全

我想先讨论边沁对自由（liberty）的观念。在第一次讲座中，我们讨论了对边沁的评价，存在两种互相对立的理解。一种观点将边沁理解为威权主义者（authoritarian）。边沁认为，统治者知道什么是最好的，确定了社会规则，然后强迫人们去遵守，强迫人民遵从那些能带给他们幸福的东西；另一种观点认为边沁是自由主义者。边沁提出，人民自己是最好的判断者，知道什么能给他们带来幸福，而立法机构的作用应该限于防止幸福被损害，立法者要做的只是杜绝那些痛苦（pain）大于快乐（pleasure）的事情。

我是支持第二种理解的，我觉得它是唯一能说得通的解释。为什么呢？因为边沁相信，自由或者说行动的自由（freedom to act）是快乐的主要源泉：如果我们可以准确按照我们的所思所想行事，并有实现它们的权力，这就会让我们幸福，就会带给我们更多快乐。这是边沁功利原则中自由概念的内涵。

另一方面，有一些行为，我们做的时候能带给我们自己快乐，但是如果考虑到所有会受这些行为影响的其他人，这些行为也可能给别人带来痛苦。这就是立法者应该介入、以保障安全的原因：立法者要保障一些权利，防止一些人为了自己个人的幸福而干涉别人的财产和生命，保护这些人不遭受伤害，这样未来我们才能保护好自己，才能安全。被 18 世纪思想家称作"公民自由"（civil liberty）的东西，是法律的创制；边沁认为，它在词义上自相矛盾，属于用词不当，因为法律通过强制实现的东西是约束性的或限制性的，是与自由不相容的。法律提供的是安全，法律带来的也是安全。

我们可以看到，在上面两个例子中，边沁的观点非常接近于这样的观点，即在不伤害其他人的前提下，人们应该拥有自由，做他们想做的事。边沁的理论很接近穆勒的伤害原则（harm principle）。如果你问一个自由主义者，什么是关于自由主义的经典，他会回答说是穆勒的《论自由》。其实，边沁的自由理论与穆勒的是一样的。

现在我们常常用消极自由这个概念描述边沁的自由观，这个概念来自柏林（Isaiah Berlin），一位英国的犹太人，政治理论家。他发表过一系列论述自由的文章，如《自由四论》（Four Essays on Liberty）。在他的一篇文章里，他作了一个现在经常被后世引用的区分，即消极自由和积极自由。消极自由的概念指的是一个人可以自由去做他想做的事，积极自由是说在关于谁统治我们的问题上，我们应有发言权。消极自由关心的是我们可以做什么而不受到别人的干涉；积极自由关心的是谁可以统治我们。

我已经说过了，边沁的自由概念是消极的。对他来说，政治自由（liberty）指的就是行为上不受约束、可以尽情伸展四肢的自由（freedom）。这和我上一次讲座中谈到的边沁的本体论思想是一致的。

但边沁也有积极自由方面的论述。在他开始讨论民主理论时，他会问，谁在统治我们？边沁认为，我们都有发言权。

有一个关于边沁研究或者说关于政治思想史研究的有趣现象。你会看到现代哲学家和政治思想家作了一些理论区分；如果我们回看历史，过去的思想家的观点好像跟我们现在想的不一样。我觉得，这是我们需要去研究过去伟大思想家的原因：他们的许多观点可能在各个方面挑战了我们当代的论述。我想说的是，或许不该认为，边沁的自由观不是消极的，就是积极的；也许，边沁的自由观是两者的综合。

2. 政治激进主义

边沁政治思想的一个特点在于，它有明确的发展脉络。当边沁去世时，他已经不仅提倡民主，还提倡共和主义，一种没有君主和贵族的制度。边沁关于代议制民主的蓝图将会是我们下一次讲座的内容。

在边沁刚开始他的职业生涯，即起草刑法典著作时，他是准备和一切形式的政府合作的。他乐于将刑法典的构想介绍到皇后凯瑟琳统治下的俄罗斯，或者南美的新兴国家，如同在英国实施它那样。 18 世纪启蒙运动中的边沁并不排斥和任何形式的政府合作。所以问题来了，边沁是何时转变成一个政治上的激进派呢？

在回答这个问题之前，我想先厘清一下"激进"（radical①）这个词的含义。我认为应该从历史的语境中去理解这个词。激进意味着深入根源，换句话说，批判

---

① 英文 radical 的字根是拉丁文 radic，原意是根，这里采用的是 radical 词源"根本性"的原意，旨在表明古典功利主义的社会改革运动的全面性、彻底性（根本性）。

性地看，你可能会觉得它指极端的观点。"激进"这个词在英语里被用来形容一个人，似乎是从 19 世纪早期开始的。但是，在英国历史里，从 17 世纪起就有激进主义或政治激进主义的说法了。所以这里面有一个时代错乱的问题。在边沁的年代，政治激进主义指的是什么呢？我将通过介绍 1780 年代推出的威斯敏斯特委员会的诉求来解释边沁时代政治"激进"一词的含义。威斯敏斯特委员会是由一群伦敦的政治思想家组成的组织，当时，英国在美国独立战争中输给美国，国家正处在政治危机中。所以英国人问，为什么我们会失去我们最宝贵的海外资产？人们于是呼吁进行政治改革。

我现在解释威斯敏斯特委员会的诉求，给出一些例子说明为什么威斯敏斯特委员会的诉求是激进的，为什么说他们改变了现存的议会体制。

威斯敏斯特委员会第一个诉求是男子平等选举权（equal manhood suffrage），但不包括妇女。在沃斯顿克拉夫特（Mary Wollstonecraft）为女性权利辩护的著名小册子 1792 年出版前，除了边沁，没有人主张女性选举权。威斯敏斯特委员会主张所有男人有平等的选举权，这意味着每个成年男人将获得一个投票权。在当时的英国议会体制里，投票机制非常复杂，只有很少的一部分人才拥有选举权，这又取决于你住在哪个选区，拥有什么样的财产。整个国家被分为若干议会选区，有很多郡（counties），它们是由 10 世纪旧盎格鲁-撒克逊行政单位演化而来的；还有自治市镇（boroughs），它们是由皇家特许状设立的：在英国历史上的不同时期，自治市镇被赋予向议会派遣代表的特权。不管是郡还是自治市镇，每一个选区都可以派代表进议会。每个自治市镇还有不同的选举权体制。有一些很受欢迎的自治市镇，最有名的是威斯敏斯特，有几千位选举人。在其他一些自治市镇，选举权和选票是和财产挂钩的；这些市镇通常是由一个人控制的。所以，在某个地方拥有这些财产的人可以派两个代表进议会。一个有名的例子是老萨勒姆（Old Sarum），已经没人住那里了，但它仍然能派两个代表进议会。有的贵族能派 9 到 10 个代表进议会。在许多自治市镇，选票属于市镇议会或者所谓自由人——少数住在特定市镇的有钱人。所以，平等的男子选举权制会消除所有这些特权，这就是它被称作"激进"的原因。

威斯敏斯特委员会的第二个诉求是无记名投票。在边沁的年代，人们会站在一起，公开宣布自己投票给谁，所以投票是公开的。激进主义者希望投票能秘密进行，因为他们认为这样可以消灭腐败。如果别人不知道你会投给谁，那么贿赂你也没什么意义，因为别人看不到你的选票，你可以收了钱，但不投给行贿者。边沁认为无记名投票也许是议会选举改革中最重要的措施。

威斯敏斯特委员会的第三个诉求是召开年度议会。英国议会应该每年都举行换届选举。当时英国一届议会的任期是 7 年，现在任期是 5 年。在 18 世纪早期，每届议会的任期是 3 年，人们认为这导致了政治不稳定。所以，在 1717 年，"七年法案"被通过，规定一届议会的任期是 7 年。当然，并不一定每届都是 7 年，因为君主可以根据大臣的建议随时解散议会。

第四个诉求关于平等选区。这个问题我已经说了不少了：如果有平等选区，所有人的投票都有相同的分量。

第五个诉求是激进主义者希望议员可以有薪酬。18 世纪的议员并没有薪酬，这意味着一般来说，你必须非常有钱，才能成为议员，而如果使议员有薪酬，这意味着，来自中下社会阶层的人也有希望成为议员了。

威斯敏斯特委员会最后一个诉求是废除对议员资格的财产限制。当时为了成为一名议员，你必须在特定选区持有大量的财产，这个财产资格常常带来腐败，因为一个人想要获得当议员的资格，就不得不寻求富人的支持，恳求富人在选举期间将一定数量的财产转到自己的名下。

　　平等男性选举权、秘密投票、年度议会、平等选区、议员薪酬制和财产限制的废除是激进主义方案的关键要素。当我们谈论边沁的激进主义立场时，我们其实是在拿着这些诉求来衡量边沁的主张。我们将看到，从许多角度来看，边沁其实走得更远。关于边沁的主张，一个关键点在于，他可能是第一个基于功利原则而提出激进方案的人，第一个以功利原则为根据来证成民主的人。其他激进主义者一般从两个别的来源寻找其主张的正当性基础，第一个是所谓的盎格鲁-撒克逊宪法。这种观点认为，在盎格鲁-撒克逊时代的英格兰，存在平等的全民选举权，某种通向议会的自由选举，而这些在1066年随着诺曼人征服英格兰、封建制度被建立而被摧毁了。从历史角度讲，这种说法完全是胡扯，但并不意味着没人信它，至少有一些激进主义者会从所谓的盎格鲁-撒克逊宪法那里寻找正当性。

　　其他激进主义者的另外一个正当性基础是自然权利学说，如洛克的思想。这种学说主张，人们有参与政府、选举代表的自然权利。最有名的阐述这种路径的是潘恩（Thomas Paine)的激进主义方案，以他的《人的权利》（*Rights of Man*）（出版于1792年）为代表。

　　以上就是相关政治体制的一些背景介绍，我希望它能帮助大家理解边沁的议会改革方案。

3. 法国大革命

关于边沁的议会改革方案，我将从法国大革命开始讲述。边沁开始转向激进改革的时间段，被学者马克（Mary Mack）确定为法国大革命时期。根据马克的解读，边沁在法国大革命时期转向激进主义，但这种激进主义后来沉默下去了，因为在当时的社会氛围下，宣传激进主义观点并不安全。当时的英国政府对激进主义采取镇压政策，换句话说，你宣传激进主义观点，就可能被指控犯有煽动叛乱罪，许多政治激进主义者当时被当作政治犯送往澳大利亚。

马克依据的是一篇她称作"论代议制"的论文，这篇论文来自哈莱维（Élie Halévy）的书《哲学激进主义的兴起》，这本书出版于 1902 年，里面摘录了一篇边沁在法国大革命时期的论述，哈莱维把这段摘录起名为"论代议制"。这段材料边沁是用法文写的；之所以用法文写，是因为边沁当时想给法国如何改革政治体制提供意见。当时法国的金融系统濒临崩溃，法国国王决定召开三级会议（estates-general）来解决财政问题，主要是关于如何征税。三级会议在 1614 年后就没再举行过，当时人们并不清楚如何召开三级会议，不清楚 1614 年召开的方式在 1789 年是不是还适用。于是，法国政府于 1788 年 11 月在凡尔赛宫召开了贵族会议，讨论如何召开三级会议。简单地说，法国决定召开三级会议，这是一个等级代表会议，参加者有教士、贵族和其余的人，教士是第一等级，贵族是第二等级，其他人是第三等级。那个年代，法国最重要的总理内克（Jacques Necker），针对三级会议应该如何构成，向贵族提出了一系列问题。边沁看到了这些问题，觉得自己有责任回答。

边沁在法国认识一些重要的政治人物，这主要是通过他的朋友谢尔本伯爵（The Earl of Shelburne）的关系。谢尔本伯爵在法国认识很多人，他在1782—1783年曾担任英国首相，1784年他被封为兰斯多恩侯爵。他介绍边沁进入政治人物的社交圈。边沁也是通过他的介绍认识了艾蒂安·杜蒙。杜蒙是边沁著作法语版的翻译者和编辑，经他翻译的著作使边沁在欧洲名声大振。边沁开始着手思考回答法国总理内克提出的问题；在一篇导言性质的文章中，他介绍了他的回答所基于的基础原则，并在此基础上他设计他的答案。这篇法文文章我们收录在《边沁全集》中。

这是一本关于边沁代议制和改革观点的书——《权利、代议制和改革：胡说八道和其他关于法国大革命的论文》（*Rights, Representation, and Reform：Nonsense upon Stilts and Other Writings on the French Revolution*），见图16。边沁的这篇文章是用法语写的，英文版的题目是"关

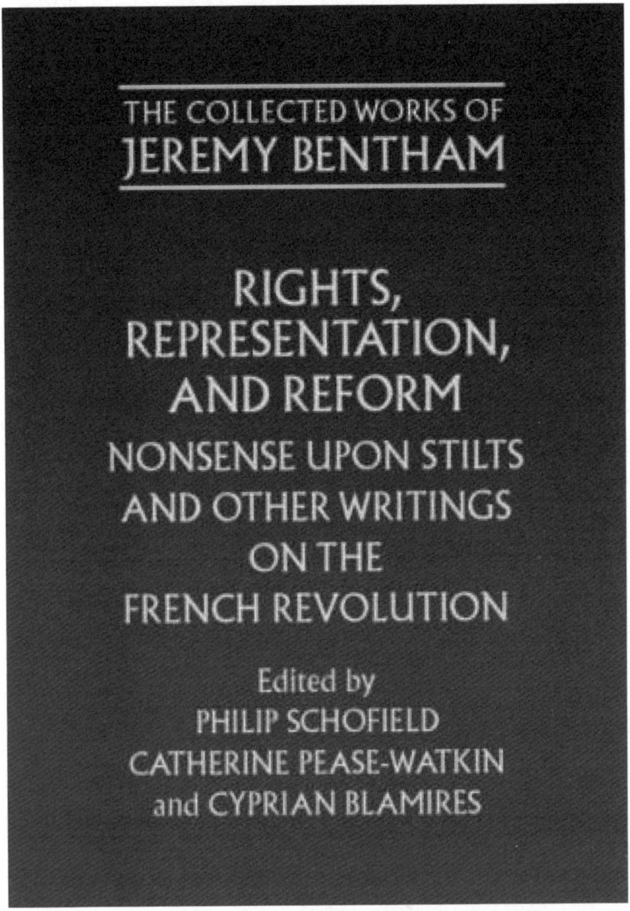

图 16　《权利、代议制和改革：胡说八道和其他关于法国大革命的论文》书影，克兰登出版社 2002 年出版

于三级会议成员构成的考虑"。边沁概述了三个原则。第一个原则是每个人对幸福都有平等的权利。第二个原则是每个人都有平等的能力去感知幸福。第三个原则是每个人对幸福有平等的渴望。

我们先来关注第一个原则，即每个人对幸福都拥有平等的权利；换句话说，也即边沁的名言（穆勒曾引用过）：每个人算一个人，没有人超过一个人（everyone counts for one and no one for more than one）。这就是深植于边沁的功利主义内部的平等观念。凭什么一个人的幸福要比另外的人的幸福算作更多呢？边沁说，找不到这样的理由，不管这个人是一位国王、一位君主还是一位农民，都不重要：一个单位的幸福只是一个单位的幸福，不论是谁在享受它。

所以，当讨论政府应该干什么、政策应该追求什么目标这类问题的时候，考虑到对幸福权利的平等性——边沁这里所说的权利并不是指一种自然权利，我认为他更多地是指一种道德要求，考虑到每个人对幸福都有一种平等的权利，人们可以推出每个人在政治过程中都拥有平等的话语权这一结论。换句话说，每个人都应该有选择代表自己的人选的投票权。为什么？对边沁来说，政治平等很简单，是公平的：每个人都有投票权，你不用被谁应该有、谁不应该有投票权的问题困扰，而任何其他的政治权力分配方式都有待证成。

边沁说，尽管每个人都有平等的追求幸福的权利，这并不代表每个人都有平等的能力来判断什么事符合他们的利益，或者说什么事能促进他们的利益。马克似乎是从哈莱维摘录的所谓的《论代议制》文章里读到这些的，但哈莱维的摘录也只是到此为止。我自己读了边沁手稿的全文。在这篇论文的其余部分，边沁对为什么90％的法国人应该被剥夺选举权给出了理由。我要澄清一点，对《三级会议的构成》这篇导言，边沁只是在一封写给孔多塞侯爵的信中将其称为"论代议制"；除此以外，他从未这样称呼它。如果你只是读到这里，你看到的是边沁关于平等政治权的论证。但是，边沁接下来开始考虑人们是否有能力判断什么能促进他们的利益；他认为，显然有一部分人必须被排除，这部分人包括孩子，也即21岁以下的年轻人，还有精神病患者。此外有观点认为，女性也应该被排除，边沁整理了排除女性的理由，比如女性不理解政治事务、女性有自己的家务责任、女性在政治事务中相对于男性处于从属地位、女性依赖于男性等；边沁并没有说他是同意还是不同意这些观点。这些歧视——我们有理由相信边沁认为这是一种歧视——显然把一半人口给排除了。

最后，边沁还说，我们不能信任那些没有财产的人，因为这些人会在均分财产中受益，换句话说，就是在夺走所有财产然后在所有人中重新平等分配财产的做法中受益。当我们讨论边沁对"平等"一词的使用时，我们要知道，他认为消灭财产权会带来灾难，因为一个人如果知道自己的财产会被夺走，就会失去从事劳动的动机；此外，不要多久就会产生新的不平等。

当边沁排除未成年人、精神病人、女性和无财产者时，他估算，在法国 2 500 万人口中，差不多有 250 万人有投票权。这就是边沁在那个年代为三级会议的构成所提出的建议：应该给这 250 万人选举代表的投票权。

就像我所说的，这份材料是边沁在 1788 年底到 1789 年初之间写的，三级会议在 1789 年夏天举行。事情发展得很迅速，三级会议后来变成了法国国民会议。 1789 年 6 月 25 日，国民会议发表了《人权和公民权宣言》（*Declaration of the Rights of Man and of the Citizen*）。这份宣言通常简称《人权宣言》，它宣布所有人都拥有平等的政治权利。 1789 年 9 月，边沁写了第二篇文章，这次他是用英文写的，因为杜蒙告诉他，他的法语太糟糕了，他应该用英文写作，然后由杜蒙翻译成法文。他们两人著名的合作就此开始。

我认为，边沁的这篇文章是《人权宣言》之后非常重要的一份文件，边沁将其命名为《法国宪法典计划》

(*Project of a Constitutional Code for France*)。当时法国仍然是君主制，法国人希望改革他们的政治体制。边沁很重视《人权宣言》，尤其是其中的政治平等原则；在《法国宪法典计划》里，他提出了一种平等普选权方案，他说每个人都应该拥有平等投票权。当然，边沁针对的是法国的情况；当他说每个人都应该拥有投票权时，他排除了那些不识字的文盲和孩童，但是他反问：为什么女人不能拥有投票权呢？他主张女性选举权。正是在1789年9月，边沁论证了女性选举权的正当性。边沁说，女人和男人一样有自己的利益。所以基于政治平等的原则，女人的利益也应该同男人的利益一样得到平等的考虑，否认女性投票权是荒谬的，是荒唐可笑的。如果有人说女性不懂政治，边沁反问，这么说的证据是什么？我们所拥有的少量证据表明，事实上女性有可能比男性更聪明，最好的君主里有不少是女人：不信可以看看英国伊丽莎白一世、俄国凯瑟琳女王。如果有人想从智力的角度论证女性不应有投票权，那么他必须论证，最聪明的女人不如最笨的男人，而这完全是胡说八道。所以，边沁认为，女性不仅可以投票，她们还可以被选为国会代表或者国民议会议员。

　　当我们说边沁是一名激进主义者时，我们可以在《法国宪法典计划》里找到证据。我这里没有时间详细介绍这篇文章的细节，但相关内容都可以在 2002 年出版的《边沁全集》中的《权利、代议制和改革：胡说八道和其他关于法国大革命的论文》这本书里找到。

综上所述，马克认为边沁是在法国大革命期间变成激进主义者的观点似乎是对的，但是，她关于边沁在写作哪篇论文时变成激进主义者的观点似乎是错的。《边沁全集》的第一任主编伯恩斯教授写过一篇梳理边沁在法国大革命时期的观点的论文，回应过马克。伯恩斯争辩道，边沁区分了法国的情况和英国的情况，所以，他推荐在法国推行普选的观点要与他关于英国政治体制的观点区分开来。这方面的证据有些复杂，因为边沁的论文和笔记里的确有类似的关于英国政治改革的建议。但情况在 1792 年发生了剧烈的变化，因为法国大革命随着"雅各宾派专政"开始变得十分暴力。边沁受 1792 年法国九月屠杀的影响非常大，尤其是当他认识的拉罗什富科（La Rochefoucauld)公爵被巴黎暴徒用石头砸死。边沁为此感到非常震惊，接受了当时英国流行的观点，他也开始强烈反对法国大革命，反对似乎要流传到其他国家的法国人权观念。当时英国有一场非常有名的辩论。柏克（Edmund Burke）撰写了一本政治小册子，书名为《法国大革命反思录》(*Reflections on the Revolution in France*)，该书于 1790 年 11 月出版。他是第一个对法国大革命提出警告的人。但是，当时很多人反对柏克的观点，觉得柏克太极端了，而柏克认为法国大革命是对财产权和宗教的攻击。随后，1792 年，潘恩在他的著作《人的权利》里回应了柏克。这在英国引发了一场充满活力的关于公民社会本质的辩论。令人不解的是，边沁并没有参加这场大辩论。我简单提到过，1795 年边沁写了批评法国《人权宣言》的文章《胡说八道》，而这篇文章当时并未发表，也没有在当时这场大辩论中发挥任何作用。边沁关于三级会议构成的文章、关于法国宪法典的文章当时都没有发表，他关于法国大革命的其他许多文章都没有发表。但一部较小规模的著作《政治策略》（*Political Tactics*）的确出版了。这部著作写于 1788 至 1789 年之间，是关于如何组织代表性会议的。这可能是有史以来第一次有人尝试对议会程序进行广泛的理论研究。你可以看到，在三级会议召开前，边沁已经开始根据英国的议会实践和一些他自己的想法，构思如何组织辩论性的议会了——包括议会建筑和关于如何提出动议，等等。这部著作，当时只有一小部分被印行；后来，杜蒙整理和出版了它的法语版，它于是成为被最广泛阅读的作品，被翻译成很多国家的文字。边沁的《胡说八道》，如果当时出版了，可能的确会成为对那场辩论的重要贡献，但遗憾的是，它直到杜蒙在 1816 年出版了法语版之后才被大家知道。

4. 邪恶利益

边沁在那些年发生了什么变化呢？法国大革命并没有把边沁变成一个激进主义者；相反，将把他变成了为英国现行制度辩护的保守主义者。在一系列著作中，边沁明确说过，英国不需要政治改革。这个观点源于当时英国人对法国大革命的恐惧，他们害怕法国这种观念会摧毁财产权，从而导致社会崩溃。

18 世纪 90 年代，边沁提出了一系列帮助英国体制的建议，这方面的代表是圆形监狱。他还写过济贫法方面的著作，要帮助英国处理 1795 年到 1796 年之间的贫困危机。在 1798 年到 1801 年间，他还写过一些关于经济和金融改革的文章：当时没有人懂得怎么帮助英国为对法战争筹款，对抗拿破仑需要巨量的资源，边沁思考了这个问题，提出了一系列建议。有关边沁这个阶段的思想演变，我对他的手稿研究越多，便越坚信，圆形监狱项目至关重要：这不仅与边沁对监狱的看法有关，也关系到边沁政治思想的发展。我认为，正是因为英国政府对圆形监狱构想的拒绝，才促使边沁进一步的思考，并提出了"邪恶利益"的概念。

边沁对邪恶利益的发现，差不多是在 1803 年到 1806 年之间，这是他在圆形监狱项目被拒绝后的反应。

议会在 1794 年曾通过法案授权建设圆形监狱，并在 1798 年通过一部法案给边沁拨了款，让他购置修建监狱的土地，但之后，该计划就搁置了。我讲过，当时的内阁认为，比起把犯人送进边沁圆形监狱的做法，他们还是更愿意把犯人发配到澳大利亚。到 1803 年的夏天，边沁最终收到了政府关于终止圆形监狱项目的正式通知。边沁对此非常失望，从某种意义上说，这可能是他一生中最低沉的时刻。此后，边沁可以说是退隐了，返回他原先对法律改革的研究，他在这个方面花费了五六年时间，写了有关司法程序和证据等的文章。在研究法律改革的过程中，他形成了"邪恶利益"的观念。边沁问自己，为什么这么多人被剥夺了司法救济？为什么法律如此昂贵？为什么它是如此混乱？边沁的回答很简单：把法律搞得很复杂，符合律师的利益，这就是他们赚钱的方式。在司法程序的每个阶段，律师都会收取一定数量的费用。所以，法律程序越复杂，律师们收到的费用就越多。当法律程序被搞得很复杂时，普通人即使知道自己拥有某项权利，但为了明白到底如何行使自己的权利，也不得不去寻求律师的帮助。于是，律师们便可以大肆地收费。边沁将这些人称作"审判公司"：律师和法官在这个公司里合谋，保持和增加司法系统的混乱性和复杂性。边沁认为，律师集团的利益与人民的总体利益是互相对立的，他把前者称为邪恶利益。邪恶利益是与整个人民利益冲突的少数人的利益，律师集团的利益就是这种利益。邪恶利益是一种错误的利益。边沁认为，在法律改革方面，律师们愚弄了政客：律师们告诉政客，你们不能改革法律，这会使整个社会陷入混乱。后来，边沁意识到，政客们也有自己的邪恶利益，英国整个统治集团——法律人士、政客们以及教士们——拥有同一个巨大的邪恶利益。他们互相合作，一起压迫人民。整个统治集团靠着压迫人民，维持他们的财富、权力和名誉。

5. 议会改革

现在讨论边沁关于议会改革的建议。我想先介绍一本书：如果你要了解关于边沁的民主思想的最新研究，可以参考最近由剑桥大学出版社出版的一本书，即《边沁论民主、法院和法典化》（*Bentham on Democracy, Courts, and Codification*），见图 17。它由来自八个国家的学者撰写的关于边沁宪法理论的十四篇论文构成；这也表明了全世界学者对边沁思想的兴趣。

对邪恶利益的认识是边沁民主政治思想发展的关键。关键的时间点是 1809 年：这年夏天边沁开始写文章讨论议会改革，即改革英国下议院。促使边沁讨论议会改革的直接原因是当时下议院关于出售席位的辩论。

图 17 《边沁论民主、法院和法典化》书影，剑桥大学
出版社 2002 年出版

对控制议员任命的人来说，出售席位在当时是很常见的操作：当想要钱的时候，他们就可以卖席位，把席位卖给出价最高的人。当时的辩论里，有人主张认定这种操作是非法的。当时下议院议长阿伯特（Charles Abbot）特意作了一场演说，说议员席位不应该被买卖，议员身份应该基于财产、才能和品德等。边沁对阿伯特演讲的批评，导致他于1809年末至1810年初写出了一篇取名为《影响》（*Influence*）的长文。边沁认为，当时议会制度实际上所导致的一切弊害中，买卖席位可能是弊害最小者之一。买卖席位可能会找到更好的议员，要比任命朋友或亲戚等的传统方法要好，至少竞标的人付了钱，说明他们真的想当议员。具有讽刺意味的是，边沁攻击的阿伯特是他的同父异母兄弟：边沁父亲耶利米再婚，娶的是阿伯特的母亲。阿伯特后来当上了下议院议长，还成为科尔切斯特男爵（Baron Colchester），进入了上议院。边沁并不同意阿伯特的观点；他反驳阿伯特的文章最终以《议会改革方案》的名字出版；不过，出版的确花了不少时间。

1809年到1810年间，边沁集中撰写议会改革的相关文章，之后又转向别的话题；在1816年到1817年间，他又回到议会改革这个主题。为什么中间转向别的话题后又转回？我们现在还不清楚，有可能是拿破仑战争的结束让边沁认为，推进议会改革的合适时机已经到来。当然，这只是一种猜测。也有可能，边沁只是在某个时间段觉得某个话题更有趣。边沁在这段时间写了许多关于议会改革的材料，我们还在整理他的手稿；等全部整理出来后，很多我们好奇的问题可能也就有答案了。

比较边沁1809—1810年间的观点与1816—1817年间的观点，我们发现，虽然后来的观点在细节上有一些发展，尤其是关于政府官员资质（official aptitude）的观念，但两者大体上是相同的，有很大的连续性。边沁关于议会改革的著作于1817年出版后，成为边沁最畅销的著作之一，因为这是第一次有人从功利主义的角度为民主辩护。

边沁把他的核心观念称作"民主的攀升"（democratic ascendancy），即基于激进主义方案选出的下议院应该成为政治体制中的主导性力量。当时的君主尽管影响力在衰落，但仍然有一定的影响力；贵族盘踞的上议院也还是势力强大，至少在立法时话语权很大，可以否决立法；贵族们本身很有钱，有大量土地，能够通过他们控制的议员席位把他们的亲朋好友送进下议院。边沁的计划是把权力从君主和贵族控制的上议院手里拿走，从而给予普通选民选出的下议院。在这个阶段，他并不想废除君主制或贵族制，而只想拿走他们的权力。

边沁的议会改革方案，简而言之，首先是实现一种平等的男性普遍选举权，他还没有准备主张女性普选权，即使在他最激进的主张代议制民主的著作《宪法典》中，他也没有主张女性普选权。他只是主张一种在阅读能力基础上的男性普选权。即使在为法国制定的宪法典方案中，他也不同意让不能阅读的人有选举权。边沁之所以如此重视阅读能力，是因为他认为一个人想成为合格的投票人，必须有能力去阅读议会的辩论记录，去阅读报纸，去阅读相关的评论。把选举权和识字能力联系起来，将鼓励不识字的人变成识字的人，这种做法还能鞭策求知的欲望，是文明化的工具，可以促进观念的环球旅行。

从边沁还没有开始细致深入地思考政治问题的时候起，直到他逝世前，贯穿边沁整个生涯的一个重要观点是，公开性（publicity）对英国政府来说至关重要。人民需要能够自由地讨论统治者做得好的和做得不好的地方，因此需要有政治结社的自由和沟通交流的自由。反抗恶政最好的、最安全的手段是公开性：人们要能知道政府在干什么，统治者在干什么；要能够自由评论，自由结社，交换观点。边沁认为，这些对一个良好政府来说至关重要。下一次讲座中，我们将介绍边沁如何将这套他称为公共观念法庭的概念制度化。对边沁来说，公开性是议会改革中最关键的一环。公开性要实现其目的，取决于人们的阅读能力。边沁认为，阅读能力的获得并不是一件很困难的事；他确信，一个工人只要花两三个月的业余时间，就可以学会阅读。能不能阅读也很好检验：只要给对方一张写字的纸，让他念出来就可以了。同样可以方便检验的还有签名。所以，只要能阅读会签名，就可以有投票权。

另外一项改革是应该匿名投票，这是边沁议会改革思想的另一个不停被重申的重点。边沁说，如果要保证投票是自由的，那就必须得保证投票是匿名的。如果投票是公开的，一旦一个人接受了行贿者的钱，行贿者可以很方便地观察到受贿者是不是按照要求投了票。如果是匿名投票，受贿者完全可以拿了钱但不按行贿者的意思投票。这样，行贿者就失去了行贿的动机。

当然腐败还有更多隐蔽的形式，我们会在下一次讲座中作详细解释。比如，你是一名小商贩，某个当地贵族是你的大客户，你会倾向于按照该贵族的意愿投票，因为你害怕失去大客户。又比如说，你是一名贵族的租客，从贵族那里租土地，你会感到一种无形的压力，逼你给符合该贵族利益的候选人投票。这些情况会在投票是公开时发生，但如果投票是匿名的，投票人可以按照自己的利益投票；而公开投票经常导致人们为了其他人的利益投票。对边沁来说，议会改革的关键是民主体系运行的方式。社群的利益是由其中每个成员的利益组成的，如果给予每个成员平等的投票权，而且实行秘密投票，那么投票结果将代表社群的利益。如果是公开投票，人们不按自己的利益投票，此时投票的结果只能是扭曲的：因为害怕惹恼有权势的统治者，人们会违心地选择自己不认可的候选人。穆勒后来表达了完全相反的观点；他认为，应该采取公开投票的方式；边沁的观点会助长人们为自身利益而投票。但边沁认为，投票机制就是要让人们为了自己的私利而投票，因为正是这些私利的加总构成了社群的利益。

第三，边沁建议每年改选议会。这样，人们每年都有机会重新审视自己选出来的人是否符合心愿，这是确保正直性的一种手段。假设议员任期长达 7 年，那么对君主或首相来说，一旦成功贿赂一名议员，就可以共谋 7 年；而在 1 年任期的议会中，最长也不过 1 年时间，人们就有机会把受贿赂的议员换掉。对统治者而言，贿赂议员的性价比就大大降低了。最后边沁还主张平等选区划分，每个选区有大致相等的投票人；这样，每个人投票的权重就都差不多。当然边沁也说了，不同选区间人数可能会有一些差异：为了务实而合理地划定选区边界，这也是可以接受的。

边沁的议会改革方案非常类似 1780 年代的威斯敏斯特委员会的激进方案。正如我之前所说，边沁将这些建议置于功利原则的基础之上，而不是投票人拥有的自然权利，当然这些建议也不是源于所谓的盎格鲁-撒克逊的古代宪法，而是源于这样的考量：即每个人的利益算作一份，保护个人利益的最好方式是给每个人以投票权，让他们选择统治者。

边沁希望把权威交给立法者，让行政机关来实行立法者的意志。人们选出立法者，立法者为增进人民的利益立法，最后行政者按照立法者的法律表达的意志来执行这些法律。这与我们流行的关于民主政体的想象是很不相同的。依照后者，行政、立法和司法三权分立，制约和平衡，不能让某一权过于强大。在边沁设计的体制中，民意代表机构的权威高于其他机构；其他机构的意志，如果与民意代表机构的意志是一样的，就是不相关的；如果不一样，那就是错的。

在边沁写作的时代，对英国宪法的传统理解是，把它当成一种混合政体，它包含了君主制、贵族制和民主制的所有优点。传统的亚里士多德区分政府形式的根据是权力所服务的利益：由国王代表的君主制服务于一个人的利益，由贵族院代表的贵族制服务于少数人的利益，由下议院代表的民主制服务于多数人的利益。一人统治的政体容易堕落为暴政，少数人统治的政体容易堕落为寡头政治，多数人统治的政体容易陷入无政府的混乱。英国宪法学家认为，通过混合三种政府形式，英国宪法去除了三种形式的缺点，保留下了三者的优势，比如君主制的力量、贵族制的智慧和民主制的善良，就像是上帝做的一样。

边沁认为，这完全是胡说八道。比如，凭什么认为上议院就拥有智慧？对边沁来说，最大的危险在于他所称的腐败总长（corrupter general）：或者是君主，或者是共和国的总统，或者是混合政府里的首相，或者是控制政府部门的人——他们利用权力去腐化立法者，为亲戚朋友攫取好处。所以，不管在哪种政体中，最应该防备的是行政首脑，无论他的头衔是什么。边沁希望建立可以排除腐败总长影响的体制。他希望立法系统完全对民意负责，我会在下一次讲座中详细讨论这个话题。

边沁的政治思想最后还有发展。在我们讨论的1807年到1818年间，边沁倡导议会改革与民主的攀升，换句话说，宪法中的民主成分应该更强大，但他仍然主张要保留上议院和君主制。1818年前后，边沁成了共和主义者，他开始确信，贵族制和君主制应该被完全废除。这就是边沁政治思想的最后一个阶段。我们也会在下一次讲座中来详细讨论。

三、问答环节

问：我有两个问题。第一个问题涉及您提到的政治平等是内在于功利原则的观点。边沁承认，不同的人拥有不同的敏感性，相同的幸福手段或资源会让不同人感受到不同的幸福。如果功利原则试图使幸福最大化，那么，自然的结论就是，应该向那些对某种快乐更敏感的人提供更多的幸福手段或资源。边沁推崇政治平等，一种解释是，因为我们缺乏非侵扰性的了解不同人的敏感性的方法；要想了解清楚每个人对相应快乐的敏感程度，政府便要很广泛、深入地干涉个人私生活，这会导致极权主义；所以，我们只能退而求其次，假设每个人对相关幸福的敏感性是相等的。请问您对这种解释有什么评论？第二个问题是，您是否认为民主是内在于功利原则的？假设政治平等是内在于功利原则的，我认为，非常自然地，人们会认为，民主也是内在于功利原则的。当然，我们知道，边沁在他生涯的早期并没有把功利原则与民主联系起来。也许我们可以说，是某种关于外部环境方面的考虑妨碍了边沁从功利原则推导出民主，但我们同时也可以争辩说，对边沁来说，民主其实一直就在那里，在边沁主张的功利原则里。

答：谢谢你，这是很优秀的问题。关于第一个问题：边沁认为，不同的人从相同资源中获得的幸福量不同，因为人们的敏感性不同。相同的资源可能给甲带来一个单位的幸福，却给乙带来两个单位的幸福。因此，根据功利主义的计算法则，你应该把这个资源分配给乙，因为这能创造双倍的幸福。边沁说我们不能这么干，因为我们缺乏相关信息，我们不知道每个人的敏感性，不知道怎么做这样的计算，所以，我们不得不假定，在这个方面，每个人的敏感性是相同的。问题是，这是否表明平等不是功利原则的一部分呢？穆勒和西季威克对这个问题的看法就不一样。穆勒认为，平等原则确实根植于功利原则，而西季威克认为，平等是一项完全独立的原则。边沁是什么观点呢？就我们讨论的文本来看，边沁似乎认为，平等是内在于功利原则的；原因在于，我们没有手段来获知每个人从相同资源中获得的不同快乐的差异。我认为，边沁的平等原则或许根植于我们关于幸福的概念：边沁的本体论或生理学观点是，幸福对每个人很可能都是一样的，因为我们每个人都有相同的生理机制，所以便有了平等原则。这是我不成熟的、非哲学的看法。

关于第二个问题，民主是否内在于功利原则？许多功利主义者不认为如此。以佩利为例：他是功利主义者，但却不是民主主义者。哲学家们会说，如果民主是内在于功利原则的话，那么佩利的学说便不是自洽。佩利认为，英国的混合政府是最优秀的政体，最能促进社群的幸福。休谟是功利主义者，但他也不是民主主义者。我认为，边沁早期接受功利原则，但那时的他也许完全有理由认为，民主不是最好的政府形式；他是经过了一段时间后才认为民主是最好的政府形成。像道格拉斯·朗（Douglas Long）等曾经争辩说，从哲学上说，功利主义可以无缝推导出民主。功利原则是说立法和决策要促进最大幸福、每个人对幸福有平等的权利，但谁能促进最大幸福也许是另外一个问题。边沁曾经认为，也许开明君主最能推动功利主义法制改革。当发现统治者必然会追求邪恶利益、必然倾向于腐化堕落后，他才开始认为民主是最好的政府形式。

这是一个很好的问题。我想说的是，并不是每一个功利主义者都像边沁这样提出了一套激进的民主方案。功利主义首先是一套争论和思考的方法，它提醒我们，哪些要素是我们应该去考虑的，成本和收益是什么；用这种方法，我们可以开展有意义的讨论。民主是边沁试图劝我们采纳的体制，而不是说功利主义内在地包含了民主的逻辑：功利主义并不是逻辑上必然要求民主，但民主能够带来更多幸福，符合了功利主义的原则。这些问题很有趣，也很有争议性。我的回答是，平等很可能是内在于功利主义的，但是民主不是。

问：您说消极自由和积极自由的区分并不完全适用于边沁的政治理论。我对这一点很感兴趣。我的问题是，您怎么看边沁对古典自由主义传统的看法及贡献？在边沁之前，洛克在《政府论》下篇中定义的自由是一种消极自由。洛克之后，休谟并没有太多地关注自由概念，休谟更关注社会的稳定，我猜这是一些评论者认为休谟是一名保守的功利主义者的原因。在边沁的政治理论中，他用安全这一术语代替自由。我认为，他的安全概念与孟德斯鸠的非常相像，因为他俩都把自由或者安全视为应该与社会稳定相协调的政治价值。我猜这也是边沁批评法国大革命的完全抽象的意识形态的原因之一。在边沁之后，他的信徒也是最重要的批评者穆勒，重新开始使用自由这一概念。就古典自由主义而言，许多人会用穆勒的《论自由》做例子，而不是边沁。穆勒的自由定义及他对进步和自我提升的强调，对西季威克的伦理学是有影响的。我的问题是，就17世纪到19世纪的自由主义而言，您怎样评价边沁的贡献？谢谢。

答：谢谢。这是个非常有趣的问题。我们从边沁自己的观点开始谈，边沁认为自己是一名自由主义者。事实上，他的作为代议制民主蓝图的《宪法典》是写给所有信奉自由主义观点的国家的。

　　问题是"自由主义者"（liberal）这个词意味着什么？这个词是 1820 年代早期从西班牙传过来的。以前西班牙有两个政治群体，保皇派和自由派。保皇派信奉费尔南德王室的绝对君主制。费尔南德七世于 1814 年复辟，重新建立了君主专制，他的统治在 1820 年被推翻。西班牙曾经通过一部民主的宪法，但只维持了不到三年。自由派是拥护这部民主宪法的。从这点我们可以知道边沁为什么自称是自由主义者，这表明他是站在人民一边的；他也是站在自由一边的，尤其是表达自由。立法唯一可以干涉自由的地方就是预防伤害。对我来说，这是自由主义政治哲学的经典要素，这也是我们可以在穆勒《论自由》里发现的内容。

　　您提到了进步和自我提升，就边沁而言，进步和自我提升并非自然会发生，而是要被鼓励。穆勒写过两篇关于边沁和柯勒律治的文章，《论边沁》[①]（Bentham）和《论柯勒律治》[②]（Coleridge）：柯勒律治代表了秩序，而边沁代表了进步。西季威克曾说，19 世纪通过边沁继

---

① 发表于 1838 年 8 月 London and Westminster Review。
② 发表于 1840 年 3 月 London and Westminster Review。

承了 18 世纪。

1790 年代，激进的启蒙运动似乎已经消亡了，被法国大革命摧毁了，许多著名的启蒙人物在 1780 年代和 1790 年代被杀或去世。边沁属于更年轻的一代，他把自己定位为启蒙运动中的一员，他的理论来自启蒙运动的诸种观念，但是把它们转化为了民主时代的理论。我认为或许可以说，边沁也参与创造了自由主义，尽管这一点经常被忽视。

自由主义经常被认为与自治和分权等有关，这些都是边沁拒绝接受的概念。边沁曾经谈过康德，说康德写的东西是胡说。边沁拒绝超出物理学的形而上学。康德的概念或理念世界对边沁来说根本不存在。我之前也说过，边沁也拒绝洛克的自然权利和分权理论。我认为，边沁的自由主义是很独特的：边沁的著作包括了自由主义的基础理念，尤其是在自由及政府干涉个人的界限方面。边沁的自由主义是以很独特的方式实现的，不是一般的代议制民主，而是某种很特别的代议制民主。边沁认为，民主本身并不能保证成功，这是我们下一场讲座的内容，即边沁所偏爱的民主体制。我认为，关于边沁作为现代自由主义创始人之一的身份，还有许多方面值得研究。

问：有一位非常著名的柏克研究者斯坦尼斯（Peter

Stanlis)，他曾经区分过两种自然法，一种是传统自然法，指的是西塞罗的理论，还有一种是革命的自然权利理论，即霍布斯和洛克的理论。斯坦尼斯认为，边沁反对的是西塞罗主义的传统自然法，并不是后来霍布斯和洛克所表达的革命的自然权利理论。斯坦尼斯说，边沁是西塞罗主义传统自然法大敌的原因，恰恰因为他是霍布斯和洛克的自然权利理论的继承者，他只是把霍布斯和洛克的哲学转化成了社会功利主义的语言。我的问题是，您怎么看待斯坦尼斯的观点？斯坦尼斯说，当边沁说自然法是废话时，他并没有意识到自己说的是传统自然法，没有意识到自己从霍布斯和洛克的革命的激进和抽象自然权利学说里汲取了多少养分。谢谢。

答：我要谢谢您，非常有趣的问题。我记得很久以前读过斯坦尼斯关于柏克的书，我认为那是当时对柏克最出色的解释之一。但我不同意他关于边沁的观点，因为边沁反对的不只是自然法学说，还有自然权利学说。

边沁认为，古典的自然法理论会导向完全的保守主义，而自然权利学说会导向无政府主义。边沁在《胡说八道》一文里对自然权利学说的攻击值得我们重视，因为他总是不断地重申这些批评。在他看来，问题不仅仅是法国人权宣言起草得不好，而是它的基础理念是胡说八道。因为权利是政府的产物。为了某些人拥有某项权利，其他一些人需要负有某项义务，即如果他们不提供某项服务，就要遭受某种痛苦，要遭受某种惩罚。所以，法律权利是政府的产物。自然权利是何方神圣？说它们来自人性，这种观点对边沁来说是胡说。边沁那个时代的人们说它们是上帝创造出来的，可是边沁说，对于上帝是谁、上帝做了什么，我们一无所知，所以谈论上帝也是废话。这就是边沁从本体论角度对自然权利概念的反对。这与他对自然法思想的反对是一致的。边沁认为，自然法和自然权利是人类想象力的产物。人们是希望别人同意自己的想法，才创造了这些说法：人们不会去说自己怎么想，而会把自己的想法依托于自然权利，说这些那些是自然权利。

说到边沁和霍布斯及洛克的关系，这也是一个有趣的问题。边沁对霍布斯和洛克并不持全然否定的态度，比如边沁非常欣赏洛克的《人类理解论》，但他不欣赏他的《政府论》。我们知道，边沁是反对契约论的，而霍布斯和洛克则主张社会契约论。关于政府的起源，边沁接受休谟的理论，但是休谟认为，我们必须接受现状；如果试图通过我们的思想来干涉它们，我们就会犯错。这是边沁所不同意的。边沁说，我们有一些标准可以用来评价和改变现状；对边沁来说，最高的标准就是功利原则。霍布斯和洛克的标准不是功利原则。

边沁从霍布斯那里汲取的，很可能是他的心理学；从洛克那里汲取的，是关于人类理解力和语言的分析；就政治学而言，边沁对民主的提倡，是从他的人生经验里得到的启发。总体来说，我认为，斯坦尼斯的观点是错的。

第六讲

《宪法典》与共和主义

邹家圣　译

一、宪法典

1. 邪恶利益与民主

感谢所有坚持参加这次系列讲座的人，你们的毅力给我留下了深刻的印象。

在上周一的讲座中，我谈到了边沁政治思想的发展。我们看到了边沁在法国大革命时期关于民主政治的想法，他建议法国采用民主政治制度。但很快，法国大革命的一系列事件让他采取了政治保守主义的态度。当时英国社会很关注法国大革命，边沁和同时代的很多人一样，对法国大革命对于财产权造成的潜在威胁感到不安。

1790年代，边沁参与了帮助英国政府的计划，其中最重要的项目是圆形监狱项目：1794年议会曾通过了一项法案，批准了该监狱的建设，但英国政府于1803年拒绝了这个项目。虽然项目曾于1810年被再次启动，但最终还是于 1812 年被英国政府决定彻底放弃。圆形监狱项目失败后，边沁返回他原先对法律改革的研究项目，他还开展了司法证据方面的研究工作。 1825 年，穆勒受边沁的委托，对他的大量手稿进行了整理编辑，最终于 1827 年出版了一部超过 3 300 页的《司法证据原理》。

圆形监狱项目的失败促使边沁思考，为什么一个应该为英国人民服务的政府不采用这种对英国社会明显有益的改革？在研究证据法问题的过程中，结合圆形监狱项目的失败，边沁提出了邪恶利益的观念。在 1806—1808 年间所写的《苏格兰改革》（Scotch Reform）中，边沁把司法程序体系的恶劣状况，归咎于法律职业共同体的邪恶利益。在我看来，这是边沁政治思想发展的关键点，实际上这是他早期的政治思想与他后来成熟的政治思想间的关键区别。因此，如果比较两个边沁，一个是 18 世纪启蒙主义的边沁，另一个是 19 世纪哲学激进主义的边沁，我认为，两者的差异可以追溯到他对邪恶利益观念的认识上。

现在我们来稍微审视一下邪恶利益观念。边沁的继弟阿伯特（Charles Abott）1809 年 6 月在下议院发表了一次演讲，希望引入一项旨在禁止议员买卖席位的法案。在阿伯特的演讲的触动下，边沁写下了关于议会改革的长文。他指出，买卖席位是"弊害最小者之一"，真正的问题在于多数议员依赖"邪恶意志"；从而，他倡导根据民主原则来改革英国下议院的选举制度。根据边沁手稿，他批评阿伯特演讲的长文直到 1810 年初才完成，但边沁当时并没有发表这篇文章。他持续对议会改革进行研究，继续撰写有关议会改革的论著。在 1816—1817 年间，边沁又回到了这个主题，在综合了这两个期间的材料后，他于 1817 年出版了《议会改革计划》(*Plan of Parliamentary Reform*)，并于 1819 年出版了《激进改革法案》（ *Radical Reform Bill* ）。但我确信，边沁手稿里还有更多的材料，这些材料有待整理、研究和出版。边沁关于议会改革的思想，我们还有更多的材料需要去挖掘。关于这个阶段的边沁思想，他自己总结为"民主的攀升"：宪法中的民主因素将是最重要的。

2. 共和主义

在边沁的思想发展中还有另一个阶段，即改革不仅是对民主攀升的承诺，也是对共和主义或代议制民主——即没有君主和贵族的国家——的承诺。1818 年，边沁告诉我们，他已经成为一名共和主义者。但是，很难确定这种共和主义的转向具体发生在何时。1810 年代是边沁的事业生涯中一个极其高产的时期。边沁有关逻辑语言的哲学著作就是在 1810 年代中期写的，还有许多关于宗教和教育的著作也是在这个时期创作的。同一时期，他还在研究法律，研究《刑法典》和《民法典》。当然，在边沁的一生中，每个时期他都很高产。

3. 法典化、宪法典

边沁职业生涯后期的另一个特点是致力于法典化工作。我没有时间去详细解释边沁的法典化思想及他对普通法的相关批评。边沁把自己视为法典编纂者（codifier），试图为美国总统和俄罗斯皇帝等各国统治者起草民法典和刑法典。在 1814 年至 1815 年左右，他似乎认为，无论是像美国那样采用民主制度的政体，还是像俄国那样采用专制制度的政体，都可能接受他起草刑法典和民法典的提议，从而使功利主义法典可以存在于任何一种政治制度中。但后来他似乎改变了主意，他认为，唯一会采用功利主义刑法典和民法典的政府形式是民主制。因为只有在民主制下，统治者才有兴趣制定有利于整个社会的法典。

边沁一直致力于法典的编纂。他撰写了《法典化建议》（Codification Proposal）一文，该文解释了他提议起草法典的基础是功利原则，以及应该如何组织起草和制定法典的过程。1822 年，他收到了来自葡萄牙的官方通知，葡萄牙接受了他起草《民法典》《刑法典》和

《宪法典》的提议。西班牙于 1820 年建立了一个新的自由主义政权，但它没有持续多久，在 1823 年被推翻。葡萄牙当时也建立了一个短暂的自由主义政权；葡萄牙议会在投票后接受了边沁为其起草一部完整的法典的提议。1822 年，边沁开始着手撰写《宪法典》。他从《宪法典》而不是《民法典》或《刑法典》开始撰写法典，这具有重要意义。

请参见第 42 页图 5，这是 19 世纪 20 年代的边沁，制作这幅蚀刻版画时，他大概 74 或 75 岁，当时，边沁正在撰写《宪法典》。正如我所说，他收到了葡萄牙的回复，立即开始撰写《宪法典》。优先撰写《宪法典》的重要意义在于：他认为，为了拥有一套促进社会利益的刑法和民法体系，我们需要能够制定适当的法律的统治者，而唯一有兴趣这样做的统治者是那些民主制下的统治者。

边沁于 1830 年发表《宪法典》，见图 18。这本书花费了他生命的最后十年，这段时间他以撰写《宪法典》为主。可悲的是，这时，促使他起草法典的葡萄牙政权早已不复存在。但是，边沁一直在坚持撰写《宪法典》，并认为应该能够让其他国家接受它。正如他自己所说，这部法典是要供所有信奉自由主义观点的国家和政府使用的。

边沁起草的《宪法典》共有 3 卷，但边沁在世时只

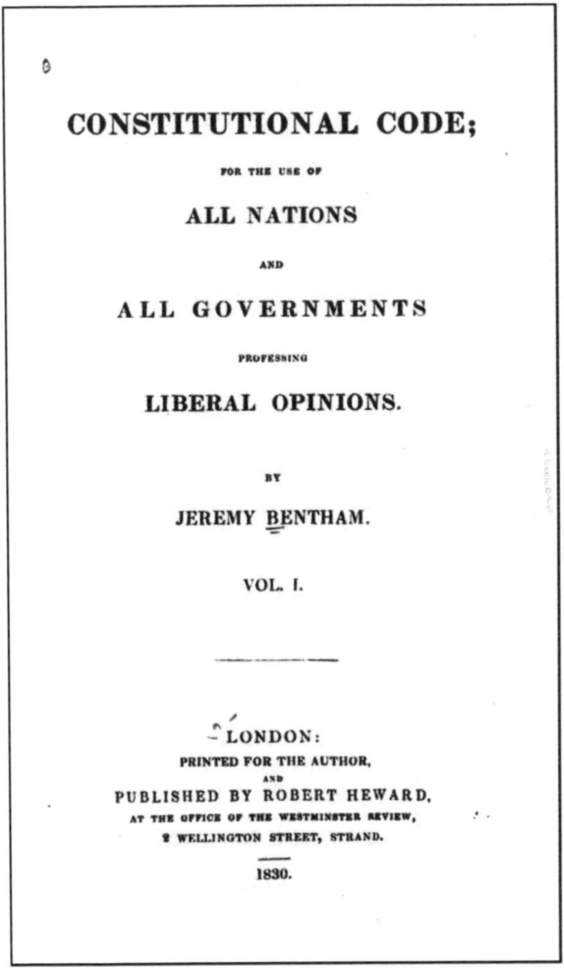

CONSTITUTIONAL CODE;

FOR THE USE OF

ALL NATIONS

AND

ALL GOVERNMENTS

PROFESSING

LIBERAL OPINIONS.

BY

JEREMY BENTHAM.

VOL. I.

LONDON:

PRINTED FOR THE AUTHOR,

AND

PUBLISHED BY ROBERT HEWARD,

AT THE OFFICE OF THE WESTMINSTER REVIEW,

2 WELLINGTON STREET, STRAND.

1830.

图 18　《宪法典》(第 1 卷)，克兰登出版社 2014 年出版，第 4 页

出版了包含《宪法典》前9章的第1卷。第2卷包含第10章和第11章，讨论防御力量（defensive force）。边沁称其为防御力量，而不是军队或军事力量，因为他认为，人类最大的灾难就是战争。他的观点是要建立一支能够保卫国家但不具有侵略性且不攻击其他国家的军队。《宪法典》第3卷的最后部分讨论司法机构。边沁在世时，他只出版了包含《宪法典》前9章的第1卷，另外印刷了关于防御力量的第10章，《宪法典》的其余部分仍处于手稿状态。这些剩余部分在鲍林版《边沁文集》中被第一次出版。鲍林版本包括了全部的前9章。前9章加上关于宪法典的导论性材料构成了鲍林版中所谓的第1册，而边沁原先的第2卷和第3卷内容在鲍林版中被合并为第2册。因此，鲍林版并没有真正遵循边沁的意图。

每次我谈到边沁文本时，我们面对的都是某种复杂的历史。我们有必要暂停一下，对边沁文本性质作一些评论。因为在研究哲学和政治思想史时，我们要依靠这些作品的文本，其中的经典作品我们称为原典（canon）。学生（读者）们往往只是把文本当作是给定的，并把它们视为某个特定作者的作品，认为这就是那个特定作者的想法。我认为，当阅读文本时，你总是得去了解你所读的是什么。显然，一个文本有一个作者。

面对宗教文本，那些信仰有关宗教的人往往会忘记这些文本除了有一个作者外，或还有不同版本的手稿。但我认为，这很重要。假如你读的是一位用英语写作的英国哲学家的作品，当你读的是翻译文本时，就会产生这样一些问题：你怎么知道这个翻译文本有多好？它有多准确？它是否表达了原文的含义？作者是在什么背景下写作的？正如我在第一次讲座中提到的，边沁研究遇到的问题之一往往是：很多学者的研究是依据杜蒙的版本进行的。杜蒙版本实际上并不是边沁著作的法语译本，甚至在内容上对边沁的思想进行过提炼。所以这样来看，很多边沁文本的权威性是有问题的，这就是我们试图通过新版本《边沁全集》来纠正的原因。最后一点是，当你拿起一部文本时，一定要读一下编者导言，这样你就可以明白你在读的文本的来龙去脉。

边沁确实出版了《宪法典》的前 9 章，印刷了第 10 章，其余部分仍存于其手稿中。边沁研究中心还没有整理这部分手稿，但我们已经编辑了一些关于《宪法典》的导论性材料。因为当边沁收到葡萄牙的邀请时，他没有立即开始撰写法典，而是首先写了一些导论性的文章，以解释宪法典背后的基本原则。

4. 宪法设计的基本原则

首先，关于政府的首要原则。边沁首先确定了他所说政府的正确和恰当的目的，即什么是统治者应该做的；他们应该做的当然是促进社会的功利（utility）。所以，第一个原则是最大幸福原则。因此，最大多数人的最大幸福应该是政府正确和恰当的目的。但边沁认为，英国统治者实际上做的、政府的真实目的却是实现统治者的最大幸福。边沁看到并识别出了这个原则，这个原则被命名为表明统治者之目标（object-indicating）的原则：在每个政治体内，政府的实际目的是实现那些行使政府权力人的最大幸福。这是关于政府的实际运行的原则，边沁称其为第二个原则，即统治者只是追求他们自己的最大幸福。因此，最大多数人的一方与作为统治者的另一方之间存在着天然的利益对立。边沁说，我们不应该认为任何统治者都是比我们坏的人；他们都是最大多数人（或人民）的天敌——而这只是由于他们所处的位置或掌握的权力决定的。根据边沁的心理学，我们所有人都是由对快乐的渴望和对痛苦的厌恶所驱动的。任何拥有权力的人，如果不受制约，都会采取促进自己利益的行动。统治者有权力，所以他们就处在最能促进自己利益的地位；如果没有其他约束，他们一定会把自己的邪恶利益最大化。在君主制下，特别是在绝对的君主制下，君主将追求自己的利益，不管这对社会其他成员会产生什么影响。同样，在由一小群人统治的贵族制下，这些贵族也会追求自己的利益，而不管这将对社会普遍利益造成什么损害。只有当人民是统治者时，统治者才会追求人民的利益；当然，要建成民主制，除了把人民确定为主权者外，还有很多事要做；但至少在人民成为统治者之后，让政府追求人民的利益才是可能的。于是就有了边沁指出的第三个原则，即人为的利益同一化，也即规定利益融合的原则（junction of interests prescribing principle）。为了确保双方利益的这种融合，英国统治者为自己利益而牺牲人民普遍利益（即追求邪恶利益）的一切行为都不被允许。这将使统治者的利益与人民的普遍利益一致的那部分利益成为决定他的行为的唯一利益。第一原则宣布什么是应然的；第二原则宣布什么是实然的；第三原则是使实然符合应然的手段。边沁在他的圆形监狱计划中应用了这些原则：圆形监狱计划通过各种制度把管理者的利益转化成了他们的义务。边沁在这里把同样的原则应用于宪法设计，所以宪法的任务就是确保统治者和人民（臣民）的利益的统一，把政府的正确和恰当的目的变成它的实际目的。

5. 邪恶利益

正确和恰当的利益（right and proper interest）即最大多数人的最大幸福或普遍利益，而邪恶利益是以普遍利益为代价的少数人的特殊利益。虽说如此，但有必要补充的是，一个特殊利益也可能不是邪恶利益。比如说，某少数群体的利益，如果不影响其他人的利益，便不是邪恶利益。我有自己的特殊利益，如果我根据我的利益来做一个行为，而且该行为不影响其他人，那么，尽管我的利益是特殊利益我的幸福感的增加绝对是好事，因为它也增加了整体的功利。但当某种特殊利益的获得会导致最大幸福的减少，这种利益就是邪恶利益了。举例来说，律师为了获得更多费用而保持和增加法律程序的复杂性，他们这样获得的利益就是邪恶利益。虽然这对律师来说是好事，因为他们可以多赚钱。但对其他人来说是不好的：因为如果能负担得起，他们就必须给律师钱；而其他许多没有能力付钱给律师的人则被剥夺了获得正义的机会。边沁的格言之一是"正义可获得，法律可获知"。人们必须知道法律是什么，也必须能够诉诸法庭获得帮助。因此，邪恶利益是损害了普遍利益的特殊利益。边沁也把邪恶牺牲说成是腐败。根据边沁的观点，任何牺牲大多数人的利益以促进少数人的利益的行为都是腐败行为。

6. 政府体系的建构性权力和作用性权力

那么，边沁建议的政府体系是什么？如何防止邪恶利益，从而使统治者促进最大多数人的最大幸福呢？传统上，政府被划分为立法、行政和司法三个分支，它们有各自的行动领域：在某种意义上，这三权相互之间是平等的，或者说，在各自的领域，它们都是最高的。边沁改变了这一结构。他设计的政府结构以上位和下位间的从属性链条（a chain of subordination and superordination）为特征。边沁将政府的一切权力分成作用性权力（operative power)和建构性权力（constitutive power)。最高权力是最高建构性权力，即选举或任命将要承担政府中的不同角色的人员的权力。最高建构性权力与最高作用性权力相对应。作用性权力是执行性或功能性的政府权力。

7. 人民主权

《宪法典》第三章的标题为"主权属于谁？"人们可能会认为，边沁要对主权作详细的讨论，但他却只是说："主权属于人民，由人民保留，归人民所有，通过建构性权威（constitutive authority）而得以实现。"所以，边沁认为，主权属于人民。民众既是选民团体（electrate），同时也构成公共舆论法庭（public opinion tribunal）。关于公共舆论法庭，我稍后会来讨论。选民团体将选举立法机关成员，立法机关行使立法权（legislative power）。立法机关将是一院制，并逐年选举。边沁反对两院制，例如英国的下议院和上议院，美国的众议院和参议院。他认为，如果第二院只是重复第一院已经完成的工作，那么它只是在浪费时间和增加费用；如果它反对第一院，即反对由民主程序产生的那一院，那么它的行为是出于邪恶利益，而不是普遍利益。边沁认为，按照他建议的方式，由人民选举产生的立法机关将促进普遍利益。此外，边沁还认为，需要一个连续委员会（continuation committee）：因为立法机构每年将选举一次，所以需要一个机构就以前的立法机构做了什么和为什么这样做之类的问题向立法机构提供咨询。立法机关的下位机关，一个是行政部门（administrative department），我们通常将其称为执行部门（executive），另一个是司法部门（judicial department）。边沁更喜欢首相（prime Minister）这个词，他不想要一个总统（president）：因为在某些情况下，总统很可能像君主一样，成为一个腐败总长。首相任命部长，在他们之下是政府的下属公务员（functionaries）或官员。边沁使用他自己的术语公务员而不是官员，以表明他们有工作要做。任命法官的司法部长从属于立法机关，同时，《宪法典》还规定，法官的职责是为法律服务，不负责制定法律——像英国普通法的法官那样。

8. 选民团体

选民团体将由成年男子构成：也就是说，不包括女性。边沁虽然认为女性也应该有选举权，因为女性和男性一样也有自己的利益。但他说，如果建议女子选举权，人们就不会理会他的其他改革建议，他和他的建议将会被人嘲笑。在他那个年代，人们会说：你不能把这个人当真，因为他竟然主张女性有选举权。所以，边沁认为，必须先要等待男性变得更加开明后，才能倡导女性投票权。但他认为，民主政治制度的引入会导致这种启蒙的出现。他说，男性主导政治的唯一原因是他们优越的体力，男性的主导地位没有任何智力上的正当理由，只是野蛮历史的产物。他说，我们有限的证据也许表明，实际上女性总体上比男性更聪明。所以，他把妇女排除在外的做法是一个务实的妥协，而并不代表他的原则。

另外，边沁认为，只有通过识字测试的男子才被允许投票。换句话说，他们必须能阅读并签署自己的名字。我在上次讲座中提到了这一点，这是边沁思想的一个永恒主题。他认为，为了参与有关政治的讨论，人们要能阅读报纸，报纸会刊登议会辩论的情况。报纸也是公共舆论法庭的最重要的部分；我待会儿会更详细地讨论公共舆论法庭。

边沁主张将未成年人排除在外。边沁说，理性没法确定地告诉我们什么年龄的人应该被允许投票，但他建议 21 岁，因为这是习惯做法。他说，在理性不说话的地方，让习俗来决定。这是他愿意相信风俗或习惯的为数不多的场合之一。

选民团体将被划分为平等的选区，每个选区将有一名议员当选。每个选区将有自己的地方政府。地方政府会有自己的立法机构，就像今天英国地方的议事会（council）制度那样。因此，每个选区产生一名成员；正如我在上次讲座中提到的，近代的做法是每个选区通常产生两名成员。边沁认为，选举应该实行无记名投票：这可以让每个人根据他们理解的自己的利益来投票，被选上的人是能代表该选区中最大多数人最大利益的候选人。总体来说，立法机关将由普遍利益主导，因为每个候选人都是由每个社区或选区代表多数利益的投票选出的。在边沁看来，这将导致立法机关被社会的普遍利益主导。选民团体每年都会投票，因此立法机关的成员只任期一年；即使在这一年里，选民团体也有权力罢免他们的代理人（deputies）。

9. 代理人、被委托人、代表

边沁谈到了当选者，当选者是代理人，而不是被委托人（delegate），也不是代表（representatives）。这是值得讨论的一个重要方面。被委托人指的是被指示以特定方式投票的人。例如，在美国总统选举中，选举团的代表们被委托投票给某位总统候选人。在边沁的时代，如果当选者是被委托人，选民便要在一个特定问题上指示他以某种方式来处理这个问题。这种情形确实是存在的。关于代表模式，柏克（Edmund Burke）给出了经典的说明。柏克认为，代表是因个人素质而当选的人，他要自己决定什么对公民或选举他的人的利益来说是最好的。柏克认为，代表应该考虑整个社会的利益，代表应该以他们认为最好的方式来行事。边沁要调和这两种想法，他把立法机关的议员称为代理人：一方面，他们有很强的动机遵循选民的意志，去做选民希望他们做的事；但另一方面，他们也要努力向选民解释，为什么他们或许会不同意选民的观点，然后由选民决定在每年的选举中，是否重新选举他们，或者甚至在年度选举中间罢免他们。罢免要通过请愿机制：如果有四分之一的选民请愿反对现任议员，那么就会举行多数投票。如果大多数人投票反对该议员，该议员将被罢免，并将举行新的选举。

10. 立法机关

立法机关将是一院制，履职期一年。代理人将获得报酬，但他们只是根据出席情况而获得报酬。不出席就没有报酬。边沁认为，这是对议员们勤勉履职的一种激励。这听起来可能奇怪，但在 18 和 19 世纪的英国下议院，是否出席议会会议只取决于议员本人，因此许多立法和政策措施都是由少数议员通过的。因此，边沁希望确保代理人始终在岗，他们是否出席会议以及他们的投票情况都要公开，选民将随时得到这些信息。

立法机关将如边沁所说是全权性的（omnicompet-ent），它可以做任何事情。边沁在这里反对的是限制立法机关权能的宪法条款。在法国大革命时期，他写了一篇非常有趣的文章，叫作《全权立法机关的必要性》（*Necessity of an Omnipotent Legislature*）。一些宪法引入不允许修改的条款，就像1791年法国《宪法》的规定，除非经过非常复杂的过程，不得修改宪法，又如1820年西班牙《宪法》规定，8年内不得修改宪法。边沁反对这类规定，他有两个主要理由：第一，人们无法预测未来，你不知道将来需要制定什么措施；第二，提出这些不可变更条款的人，实际上是在主张自己是不会犯错、绝对正确的。边沁说，人之为人，是会犯错的，每一代人或每一个立法机关都必须自己决定什么是最好的。因此，如果过去制定的法律仍被认为是有益的，就不会有改变它们的理由，没必要说它们是不可以被修改的。因此，立法机关将是全权性的。立法委员会将提供建议并提出动议，但它的成员不投票。边沁认为，它可能会有7到21名专家，由即将离任的立法机关任命，这些专家也可能是立法机关本身的成员，承担这种咨询职能。

边沁区分了意志和理解，这在他的心理学中是有根据的。边沁指出，立法者在传统上有两种职能。其一是意志，换句话说，他们对某项措施投赞成票或反对票。其二是判断、知识或理解力，他们论证特定措施是对还是错，对社会是有益还是有害。边沁说，这两种职能不必归于同一群人。代理人或议员是唯一有权投票的人。但边沁说，应允许他们使用一切必要的知识，而不仅是他们自己的成员的专业知识。正是基于这个原因，立法机构可以要求部长们提供信息，但部长们本身没有投票权。边沁所指的行政部门实际上是一个专业的公务员队伍，而不是我们所认为的执行性部门，如你所知，拥有巨大权力的总统或首相。但行政部门的存在根据是把立法机关的意愿付诸实施。

在边沁的法典中，首相是由立法机关任命（appointed or located）的；首相不在立法机关任职，但他可以被立法机关召集参加会议。他有 4 年的任期，可以连选连任，但在这 4 年的任期内，首相可以被罢免，罢免的程序即在四分之一的选民提出请愿后由多数人投票。

11. 部长

接下来是部长，边沁在《宪法典》中确定了 13 个部，每个部都有一位主管部长，他们由首相任命，终身任职。但他们可以被首相、立法机关或选民罢免。他们被要求列席立法机关的会议，可以任命次要官员。这些部长们将会非常忙碌。另外，边沁在《宪法典》中提出了一个关于部长接待室的构思。在《宪法典》中，边沁说："好政府依赖建筑学，但人们迄今似乎都不曾充分认识到这一点。"边沁一直很关注建筑学，正如我们在圆形监狱中看到的那样。在写于法国大革命时期的作品《政治策略》中，他设计了一个立法厅，还谈到了法院的建筑。但我们在这里只展示部长接待室的设计，部长将在这里与公众进行交流，见图19。

它采用了圆形监狱的形状，但却是一个反向的圆形监狱。外圈是通道，请愿者或想与部长谈话的人进入外圈的通道，然后进入某个公共包厢，那里可以看到位于大楼中心的部长和他的官员，部长及其官员在那里接待民众。但是，如果有人希望向部长提供私人信息，他可以进入一个私人包厢，部长可以到屏风后面与人私下交谈。例如，你可能想告诉部长一个罪犯的情况。如果你在公开场合这样做，罪犯听说后，就会在对他采取任何行动之前逃脱。但一般来说，部长在公开场合进行工作。这种建筑设计思路真正代表了边沁关于政府的观

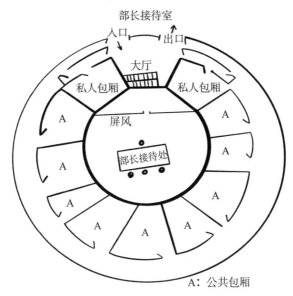

图 19　根据《宪法典》（第 1 卷），克兰登出版社 1983 年出版，第 445—449 页的内容，斯科菲尔德教授手绘画

点，即我们的政府应该公开运作。

12. 统计

在《宪法典》中有很长的一章，叫统计功能，是关于官方文件的创建、保存和获取的。政府所做的一切，都要被记录在案。这样，公众就可以获得相关信息。边沁确实允许保密，但保密总要有理由。一般原则是公开。这样，公众就能充分知情，能对他们的代理人的言行做出正确的判断。他们获得信息的工具是报纸。于

是，人民就构成了一个公共舆论法庭，以对统治者的活动作出评判。我在上次的讲座中提到，边沁认为，公共讨论和结社自由非常重要。边沁的民主论的基础是，人民是他们自己利益的最佳判断者。如果你接受这种观点，那么你就要给他们提供一种手段，使他们能促使统治者按照他们的观念来行动。

13. 人为的利益融合

现在我们已经看到，在这样的体制中，当统治者能促进自己利益的唯一途径是促进社会的利益时，利益的人为融合就发生了。在边沁看来，不存在无动机的行动，你必须给统治者一个理由或动机，让他们来促进社会的普遍利益。可以通过他们自己在普遍利益中的份额来做到这一点。普遍利益是指每个人都有份的那种社会利益；这样，统治者便会认识到，他们能够促进自己利益的唯一途径是促进社会利益，而不是像在君主制或贵族制的情境里那样，统治者能以减少社会其他成员利益的方式最大化他们自己的利益。换句话说，在传统的政府形式下，边沁认为，社会被划分为统治者和臣民、压迫者和被压迫者。阶级战争的说法可能有些夸张，但确实存在这种利益的自然对立，而这正是边沁的《宪法典》要防止或避免的。我认为，部长接待室展示了将符合普遍利益的意志加诸代理人的方式，这促使代理人服务于整个社会的利益。

14. 宪法典的一般原则

下面讨论宪法典的一般原则，然后我再简单介绍边沁的自圣像，这似乎是合适的结束方式。

边沁试图用某些基本原则来指导《宪法典》；这些想法被归纳为"官员资质最大化，费用最小化"（Official Aptitude Maximized；Expense Minimized）；这也正是一本书对应的标题。费用最小化与邪恶（evil）有关，金钱支出是这种邪恶的一种表现。更有趣的是他对官员资质的看法。

15. 官员资质

在边沁的宪法理论中，资质（aptitude）是一个关键概念。它涉及官员或公务员的工作。政府是一个系统，公务员的工作方式在很大程度上由他们所处的系统所决定。但这个系统本身是人类行动的产物。很重要的一点是，对边沁来说，国家或社会（群）并不是真实实体。国家由行使各种权力的官员组成，社会（群）由生活在特定地点和时间的个人组成。边沁并不接受形而上学。比如说，在边沁看来，所谓的反国家罪或反宗教罪就是一种谎言（delusion）。与马克思一样，边沁有一个关于英国统治者的谎言理论（a theory of delusion）。统治者要做的，就是欺骗人民，让人民认为他们是最好、最棒的，我们老百姓不可能做得更好。例如，在君主制国家，国王坐的椅子被称为王座，戴的帽子被称为皇冠，拿的棍子被称为权杖。通过这种包装，统治者试图让人们认为，他们比我们老百姓都要高贵（都要好）。但边沁说，这些人只是在玩弄权术和攫取财富上比我们更高明；但财富和权势并不表明高贵。边沁认为事实正好与之相反。统治者应该有的，不是这种权力和善良的包装，而是真正的资质。

边沁将官员资质分为三个部分。首先是道德资质（moral aptitude），这用来防止官员获得邪恶利益。一个拥有道德资质的统治者或官员会有促进普遍利益的愿望。其次是行动资质（active aptitude），官员必须在规定的时间出现在办公室里并实际工作。最后是智力资质（intellectual aptitude），这包括拥有相关的知识和判断力来完成有关任务。通过让官员承担法律责任来确保道德资质，他们不能凌驾于法律之上并会因为他们的错误行为而受到惩罚。他们要承担道德责任，接受公众的批评；如我所说，这是《宪法典》一个非常关键的部分，这其实正是《宪法典》中所建构的制度要实现的目标之一。边沁要取消所有的荣誉称号或虚拟尊号（fictitious dignity）。当有些人被封为公爵或男爵或侯爵或爵士或女爵后，因为有头衔，人们就会对他表示尊敬，边沁认为最好取消这种头衔，因为这种头衔给予他们的尊敬不是他们凭自己的努力获得的。我们应该关注自然的尊贵（natural dignity），这种尊贵应该属于那些真正促进了社会利益的人，而不是那些继承了头衔或拥有财富的人。有关智力资质，边沁主张通过考试来测试：部长以下的政府成员都要通过相关考试才能在政府中担任职务。

边沁实际上还提到另外一点，即竞聘职位的薪酬。一个职位出现空缺后，候选人必须参加相关考试，但也必须竞聘薪酬。简单地说，某职位的薪酬是一年 1 000 英镑。候选人可能会说他愿意以 500 英镑的薪酬接受职位，或者不领取任何薪酬。边沁认为，如果他对职位的爱好与兴趣越大，他便越乐于为之付出，越可能很好地履职。任命该职位的人（如部长），在作出决定时，将同时考虑考试结果和薪酬竞聘的结果。这些信息将被公开，这样公众就可以判断部长是否作出了正确的选择。行动资质将通过以下规则得到保障：如果公务员没有在工作地点履职，他将得不到任何报酬。边沁说，没有服务，就没有工资，这就是每天都适用的规则。这些是促进官员资质的手段。

边沁还提出独任制（single seated）：每个职位都对应一个公务员。这是为了确保凡事都有人负责。批评或奖励的前提是要知道谁做了什么。每个职位都只由一个人负责，而不采用委员会的做法。边沁说，委员会是保护伞；如果一个委员会做了错误决策，他们便就有借口说："哦，这是委员会做的，不是我做的。"

现在，我简单总结边沁《宪法典》的一般原则：从属链条的顶端是公共舆论法庭。官员从属于人民。职位独任制：每个职位都由一个人负责，受公众监督，谁做了什么将会被记录保存；每个官员在经过相关考核后开始竞聘相关职位。这些都将确立边沁所说的竞聘者对工作的兴趣或热爱，也有助于降低政府的成本。虚拟尊号将被排除。政府与宗教分离：人们是否信奉宗教，由他们自己决定，国家不会支持牧师或其他宗教机构。当时英国的国教会从国家税收中获得资金。边沁认为，来自人民的钱最好花到他们自己身上。

边沁在他生命的最后 10 年里，大部分时间都在撰写《宪法典》。此外，他还花了大量的时间研究法律改革，直到他去世。在这个时期，他写了大量的作品，仍然非常"高产"。后来，英国有关法律和政治改革的社会氛围发生了变化；在边沁去世的第二天，《1832 年人民代表法》（也称《1832 年改革法案》）获得通过，该法案扩大了英国的选举权。

二、自圣像

下面介绍边沁的自圣像（Auto-icon）。如果你来到伦敦大学学院，你就能见到边沁本人，因为学校里有一个边沁的自圣像。

图20 边沁自圣像

边沁的自圣像现在放置于伦敦大学学院的学生中心，如上图所示的右边的玻璃盒子里。多年来，它一直在一个更加哥特式的箱子里，就是上图左边的那个。后来为开辟一条通道，伦敦大学学院将边沁的自圣像放置在学生中心更现代主义的环境中。新盒子的好处是可以防止昆虫进入，使边沁的自圣像处于一个更可控的环境中。

当边沁去世时，根据他的遗嘱，他的尸体将被解剖，用于医学研究。他可能是第一个这么做的人。在当时，有很多人相信肉身的复活：当你死后，你的肉身最终会在耶稣基督重返世界时复活。如果你的肉身被切开，你就不能复活了。边沁死后，他的遗体被送到伦敦的一所医学院解剖。在解剖前，他的朋友史密斯医生在边沁的遗体旁边发表了一篇演讲。史密斯早些时候曾写过一本名为《死人对活人的用途》（*Use of the Dead to the Living*）的小册子，强调解剖的重要性：为了解身体器官的功能，人们需要了解其结构。当然，为了解身体结构，需要解剖和研究尸体。史密斯呼吁人们为医学界提供尸体；但正如我所说，此前，这种提供尸体的现象并没有出现，因为人们不愿留下他们的尸体以供解剖，是边沁树立了一个榜样。在史密斯演讲之后，边沁的尸体确实被解剖了，以帮助医学研究者。

边沁希望将他的身体做成一个自圣像。他的想法是，他的头应该被保留下来，放在他的身体上面。他的身体将穿上他的黑西装，和他的拐杖一起，放在一个合适的盒子或箱子内。史密斯制作了边沁的自圣像：他将边沁的骨架组装起来，并且采用他在思考时的坐姿，使他的整个身体坐在椅子上，这些都是边沁遗嘱要求的。

边沁自己的头，虽然被保存下来了，却没有被处理好，结果很难看，所以就请一位艺术家做了一颗蜡像头，以代替边沁自己的头。这个头应该是很准确的形象。史密斯在他家保留了这个自圣像大约 20 年。当搬到了一个较小的房子后，他将自圣像交给了伦敦大学学院，学院从那时起就一直以各种方式保护它。边沁的自圣像是从利用遗体的功利主义思想出发的，边沁在去世前不久写了一本小册子——《自圣像：死人对活人的进一步用途》(Auto-Icon：or of the Further Uses of the Dead to the Living)，讲述了死者对生者的更进一步的用途。史密斯的小册子叫作《死人对活人的用途》。边沁这本书的标题似乎是在开玩笑，内容也很幽默、很有趣。它从未出版过，当时只印了很少几本，大约有三本留存下来了。它是为鲍林版《边沁文集》印刷的，鲍林本人原先是要出版它的，但出版商拒绝收录它。这本小册子讽刺和攻击了三个对象，这三个对象是边沁在晚期激进主义阶段一直在批判的目标。第一个是宗教。在边沁的时代，宗教垄断了有关死亡的事务。边沁并不想给教会任何钱，但如果被下葬，他就不得不向英国教会支付安葬费。而采用自圣像的安排，他就不必支付这些费用。边沁信奉唯物主义，遗体只是一个物体而已。边沁的这个安排，不仅使牧师丢掉了赚钱的机会，也嘲讽了所谓的宗教情感。其次，边沁批判了贵族阶层。他说，你们与其拥有祖先的画像，不如拥有他们的自圣像。和画像相比，自圣像更逼真。第三个攻击对象是律师。边沁说，自圣像是一种新的财产，它或许会成为诉讼的标的，从而是律师们新的收入来源。在这个小册子中，他取笑了教会、贵族和律师。在他生命的最后20年中，甚至在他的整个生命中，他就是在与教会、贵族和部分法律人士阶层进行斗争。边沁的自圣像引发了各种各样的反响；关于它，甚至最近仍然有一些很有趣和严肃的学术研究：一种观点认为这是唯物主义的表现，另一种观点认为这是对传统的颠覆。

今天，我们的讲座就结束了。参加这么长时间的讲座是比较辛苦的，非常感谢大家对边沁思想的兴趣。

三、问答环节

问：边沁认为女性比男性更聪明，他是如何论证的？

答：这有点像一句脱口而出的话。他说，如果看一下君主，那么女性君主，虽然数量不多，但总体上比男性君主要优秀。他指出，英国的伊丽莎白一世、奥地利的玛丽亚·特蕾莎和俄罗斯的凯瑟琳都是很能干的君主。他说，一些女性作家写出了很优秀的小说。这些就是他提出的证据。他只是要批判传统的男性观念；这种传统观念认为，女性不适合从政，应专注于家庭内部的角色。

问：第一个问题，在《法典化建议》中，一方面，边沁提出了一个开放式立法模式，该模式支持从所有的人那里接受法案草稿，这被称为普遍允许原则（universal admission principle），而这种立法模式似乎限制了立法权。但另一方面，边沁提到，我们不应该限制立法权。我的问题是，如何使这两个似乎相互冲突的主张保持一致？第二个问题，在《法典化建议》中，边沁声称有必要忽略《宪法典》。他认为《宪法典》不能为限制各权力分支提供任何承诺。但正如您在讲座中所说，边沁花了大约 10 年的时间撰写《宪法典》。很明显，他后来改变了他的想法。所以我的问题是，他为什么改变了他的想法？如果宪法的目的之一是防止恶政和促进官员资质，那么，我的另一个问题是：宪法能否制约人民自己？或者换句话说，我们能不能用宪法来对抗多数人暴政？最后，公共舆论法庭能不能用来限制人民自己？

答：我很高兴听到你研究了《法典化建议》，还对边沁的宪法思想有如此深刻的见解。关于第一个问题，你知道，边沁确实建议，要编纂法典的国家应该接受来自所有人的法典。每个希望提交法典的人都有权这样做，他们的意见应该得到考虑。当然，边沁认为他自己的法典草案是最好的。但是，当时（起草法典）的传统或标准程序是由统治者任命一个委员会，委员会的目的是起草一部法典。委员们在自己的小圈子里开展活动。边沁认为，需要提供一个开放的、竞争性的环境，这样，立法者就可以从每个人那里得到最好的想法。边沁认为，这是一种能让该领域最伟大的专家参与到立法中的方式。但是，最终仍将由立法机关来决定选择什么法典，并由他们来制定它。所以，你知道，在立法机关赋予其效力之前，法典草案没有任何权威性，立法者仍是有立法权的。所以，这两个主张之间不矛盾。这一点也可以延伸到对法典本身的理解，一旦法典制定出来，法官就只能按照立者制定的规则作出裁判。对法典化的批评之一是，法典一定存在各种漏洞（gaps），因此，法官仍然要制定法律以填补法律漏洞，或者在新的情况出现时，制定新的法律。但边沁发明了或者至少他认为他发明了一种处理这个问题的方法。当法官认为法律需要修订或改变，或新的情况产生了对新法律的需求时，法官的职责是向司法部部长报告这一情况。如果司法部部长同意法官的看法，他就会向立法机关报告。因此，对法律的任何修改都需要等待立法机关的批准。但这必须很快完成，以便争议的各方不会为了得到一个决定而等待很长时间。这就是边沁调和法官在制定或建议法律方面的作用、提交建议的法律草案的人和立法机关间的关系的方式。法官和法典草案的提供者给出的只是建议，要由立法机构决定是否通过这些法律建议并赋予其效力。

关于宪法的目的，以及它能否制约人民自己：在这里，你可能是想到了多数人暴政的问题。当然，这个问题让穆勒感到困惑。在当时，存在的不是多数人暴政，而是少数人暴政的问题；我认为如今这仍然是个问题。在边沁写作的时代，富人和有权势的人构成了少数人。他们需要被防范，或者说他们的权力和财富需要被防范，至少，被保持在某种束缚之中，以防止这些人压迫人民。但边沁确实提出了一个观点。比方说，他认为为了 2 001 个人的利益而奴役 1 999 个人是不对的；损害少数人的重要利益来促进多数人的小利益是不对的。有一些领域，例如安全、人身的自由、财产、生活条件和名誉，边沁认为，每个人都享有这些利益，它们是普遍利益；少数人的这些利益也不应该被剥夺。尽管如此，边沁的功利主义不先验地排除任何东西。一些研究正义的理论家会说，正义要求你不得做某些事情。但是，功利计算可能有时候要求你做那些事情。

问：我的问题是，边沁的代议制民主理论和穆勒的代议制民主理论有什么潜在的差异？穆勒的代议制民主理论似乎一直被认为是最好的理论。

答：我认为，边沁是一个比较激进的民主主义者。而穆勒对由工人阶层主导的多数人的暴政感到担忧。穆勒认为，在简单而直接的民主制度下，如边沁所倡导的民主制度下，人们将沦为某种庸人。有人认为穆勒有些精英主义：穆勒认为，像他这样的高级绅士所享受的各种快乐会因为民主权力而受影响。民主会促进平庸化。因此，穆勒不支持一人一票；他认为，某些人应该拥有更多的选票：你的受教育程度越高，你就应拥有越多选票。这就要求一个复杂的比例代表制：仍然会有一个代表工人阶级的多数派，但中产阶级和上层阶级仍然会有代表，可以提出不同的观点，以保护高尚和文明。我对穆勒的描述可能有些夸张，但这是为了说明他和边沁的差异。就投票和选举制度的方式而言，边沁和穆勒之间存在着很大的差异。边沁主张简单和直接的"第一名过关制"，而穆勒则偏爱更复杂的投票制度，以确保不同的少数派会有代表。这源于穆勒对多数人暴政感到担忧。穆勒还主张公开投票，他认为这会使人们为了集体利益而投票。边沁则希望秘密投票，他认为这样可以消灭腐败。边沁关注的是少数人对多数人的压迫。在穆勒的时代，民主派已经获胜了，因此穆勒关注的是其他问题。可以说，边沁属于人民大众，而穆勒似乎更想保护高级的文化。在边沁这里，根本不存在精英主义。

问：这也是我想问的问题。这与穆勒的想法有关。他试图强调，快乐存在质的差异。我认为，这个想法为自由的精英主义留下了空间。

答：是的，这是对的。在穆勒关于高级和低级快乐的讨论中，他谈到，做一个不满足的人胜过做一只快乐的猪。这种猪的哲学的提法源于古希腊时代，以边沁所代表的享乐主义可以追溯到伊壁鸠鲁。边沁自觉地接受了一个享乐主义的传统，边沁当然也追求智识的快乐，但他不认为它比物质快乐更高级或与后者有质的差异：它们归根结底都是快乐。西季威克回到了边沁的观点，他说，当谈论快乐时，你一定是在谈论相同的东西。但后来，穆勒引入了关于快乐质与量的区分。穆勒的关注点是回答这种关于猪的哲学的批评，但批评他的人认为他的这种区分导致了他的精英主义。

问：在穆勒的功利主义中，他提到了伊壁鸠鲁的哲学，但实际上他是指边沁的哲学，尽管他没有提到边沁。您认为是这样吗？

答：是的，这很有趣。对边沁的评价，在 19 世纪，可以说是毁誉参半。我们需要理解，穆勒为谁而写作？

当研究一个文本时，一个很好的问题总是文章的受众是谁？穆勒是为了说服维多利亚时代的中产阶级绅士、女士、律师和专业人士等；他可能认为，边沁关于宗教信仰的观点走得太远了。因此，穆勒可能会认为，最好不要过多地引用边沁。尽管如此，如果不理解边沁，是无法理解穆勒的。一些学者喜欢穆勒的自由主义，但不喜欢他的功利主义。在对穆勒的研究中，有一个流派主张将穆勒与边沁分开来，或者忽略边沁，甚至暗示边沁不值得阅读。我在文献中经常看到这种情况。边沁被回避、被搁置、甚至被贬低。这是我的推测，但要回答你这个问题，我们得去考察 19 世纪中期的智识环境和边沁在当时的声誉。

问：我从这次讲座中了解了边沁的政治思想。我对其中一个问题非常感兴趣。在边沁所处的时代，他是否考虑过，如何从非理想的政制过渡到理想的政制？比如他在《宪法典》中描述的宪法民主制。

答：这是一个有趣的问题。边沁认为他的《宪法典》可以被引入任何国家。这是因为，他认为，人性在任何地方都是一样的，都渴望快乐和厌恶痛苦。在一个地方伤害我们的东西，在另一个地方也会伤害我们，如果我们是在讨论客观伤害而不是情感伤害的话，后者是一个更复杂的话题。边沁认为，至少他的刑法典和民法典可以被引入俄罗斯和美国。但这里有一个立法机关意志的问题，你需要知道立法者要什么。在俄罗斯，我们知道，边沁的法典是违反统治者的利益的。在美国，边沁则指责律师，因为他们想坚持普通法。边沁曾主张在的黎波里（Tripoli）——实行伊斯兰专制主义，土耳其帝国的一部分——引入他认为理想的宪法，他认为可以通过说服统治者来实现这一点。在英国，他依靠出版自由发表观点，这是报纸的巨大优势。最基础性的是教育，要通过教育让人们认识到他们的真正利益是什么。这样，他们就可以向统治者提出要求；当然，最后是暴力革命。

问：我的问题涉及边沁官员资质理论和他的民主理论间的关系。我们是否可以说，他的官员资质理论是基础性的，在逻辑上优先于他的民主理论？例如，我们可以同意边沁关于官员资质的理论，但却不同意他的民主理论。我认为，也许可以用这种方式来说明边沁和穆勒之间的区别：他们在官员资质方面的观点是一致的，但关于哪种模式的民主可以更好地提升或最大化官员的资质，他们却有分歧。

答：这是个非常好的观点。我认为你是对的。重要的是获得一个好政府，这意味着，以尽可能少的成本，让官员做正确的事情。边沁认为，激进民主制是实现这一目标的最佳方式。穆勒确实也赞同边沁关于资质理论的著述。但如你所说，关于什么样的民主可以实现上述目标，他的想法与边沁不一样。官员资质的三个分支实际上对应于权力、知识及判断、行动。在某种意义上，它总结了人的行动；如何使官员以对社会最有利的方式来行事，这是宪法要追求的目标。

Philip Schofield
Bibliography

A. Books

Monographs

1. *Utility and Democracy: the Political Thought of Jeremy Bentham*, Oxford University Press: Oxford, 2006, pp. xii + 370. Paperback issued in 2009. **Awarded the Political Studies Association WJM Mackenzie Best Book Prize for 2006**. Republished in Chinese translation (trans. Xiaobo Zhai), Beijing: Law Press China, 2010. Republished in Japanese translation (trans. Yuichiro Kawana, Kazuya Takashima, and Michihiro Kaino), Tokyo: Keio University Press, 2020.

2. *Bentham: A Guide for the Perplexed*, Continuum: London, 2009, p. 183. Republished in Japanese

translation (trans. Yuichiro Kawana and Shuntaro Obata), Tokyo: Keio University Press, 2014.

3. *Jeremy Bentham: Prophet of Secularism: The* 80*th Conway Memorial Lecture*, South Place Ethical Society: London, 2012, p. 32. Reprinted in *Philosophy and Public Issues/ Filosofia e Questioni Pubbliche* I (2011), 50 – 74.

Edited Books

1. *Bentham and the Arts*, ed. Anthony Julius, Malcolm Quinn, and Philip Schofield, UCL Press: London, 2020, p. 299.

2. *Jeremy Bentham on Police: the Unknown Story and What it Means for Criminology*, ed. Scott Jacques and Philip Schofield, UCL Press: London, 2021, pp. xv + 240.

3. *Jeremy Bentham and Australia: Convicts, Utility and Empire*, ed. Tim Causer, Margot Finn, and Philip Schofield, UCL Press: London, 2022, pp. xv + 405.

4. *Bentham on Democracy, Courts, and Codification*, ed. Philip Schofield and Xiaobo Zhai, Cambridge University Press: Cambridge, 2022, pp. ix + 390.

Volumes edited for the Collected Works of Jeremy Bentham

1. Jeremy Bentham, *First Principles Preparatory to Constitutional Code*, ed. Philip Schofield, (*The Collected Works of Jeremy Bentham*) Clarendon Press: Oxford, 1989, pp. xliii + 386.

2. Jeremy Bentham, *Securities against Misrule and other Constitutional Writings for Tripoli and Greece*, ed. Philip Schofield, (*The Collected Works of Jeremy Bentham*) Clarendon Press: Oxford, 1990, pp. li + 326.

3. Jeremy Bentham, *Official Aptitude Maximized; Expense Minimized*, ed. Philip Schofield, (*The Collected Works of Jeremy Bentham*), Clarendon Press: Oxford, 1993, pp. li + 504.

4. Jeremy Bentham, *Colonies, Commerce, and Constitutional Law: Rid Yourselves of Ultramaria and Other Writings on Spain and Spanish America*, ed. Philip Schofield, (*The Collected Works of Jeremy Bentham*) Clarendon Press: Oxford, 1995, pp. lxv + 468.

5. Jeremy Bentham, *"Legislator of the World": Writings on Codification, Education, and Law*, ed. Philip Schofield

and Jonathan Harris, (*The Collected Works of Jeremy Bentham*), Clarendon Press: Oxford, 1998, pp. lviii + 450.

6. Jeremy Bentham, *Rights, Representation, and Reform: Nonsense upon Stilts and Other Writings on the French Revolution*, ed. Philip Schofield, Catherine Pease-Watkin, and Cyprian Blamires, (*The Collected Works of Jeremy Bentham*), Clarendon Press: Oxford, 2002, pp. lxviii + 486.

7. Jeremy Bentham, *Of the Limits of the Penal Branch of Jurisprudence*, ed. Philip Schofield, (*The Collected Works of Jeremy Bentham*), Clarendon Press: Oxford, 2010, pp. xl + 351. Published in Spanish Translation as *De Los Límites de la Rama penal de la Jurisprudencia*, trans. Rolando Tamayo y Salmorán, UniversidadNacional Autónoma de México: México, 2016, pp. xl + 348.

8. Jeremy Bentham, *On the Liberty of the Press, and Public Discussion and other Legal and Political Writings for Spain and Portugal*, ed. Catherine Pease-Watkin and Philip Schofield (*The Collected Works of Jeremy Bentham*), Clarendon Press:

Oxford, 2012, pp. xxxviii + 363.

9. Jeremy Bentham, *Of Sexual Irregularities and Other Writings on Sexual Morality*, ed. Philip Schofield, Catherine Pease-Watkin, and Michael Quinn (*The Collected Works of Jeremy Bentham*), Clarendon Press: Oxford, 2014, pp. xxix + 180.

10. Jeremy Bentham, *The Book of Fallacies*, ed. Philip Schofield (*The Collected Works of Jeremy Bentham*), Clarendon Press: Oxford, 2015, pp. lxxxv + 552.

11. Jeremy Bentham, *Preparatory Principles*, ed. Douglas G. Long and Philip Schofield, (*The Collected Works of Jeremy Bentham*), Clarendon Press: Oxford, 2016, pp. xxxiv + 516.

12. Jeremy Bentham, *Panopticon Versus New South Wales and Other Writings on Australia*, ed. Tim Causer and Philip Schofield, (*The Collected Works of Jeremy Bentham*), UCL Press: London, 2022, pp. cix + 506.

Other Edited Works

1. Jeremy Bentham, *De l'ontologie et autres textes sur les fictions*, ed. P. Schofield, J.-P. Cléro, and C. Laval, Éditions du Seuil: Paris, 1997, p. 289.

2. Jeremy Bentham, "Sex", ed. P. Schofield, in *Selected Writings: Jeremy Bentham*, ed. S. G. Engelmann, New Haven and London: Yale University Press, 2011, pp. 33 – 100.

3. Jeremy Bentham, "Place and Time", ed. P. Schofield and S. G. Engelmann, in *Selected Writings: Jeremy Bentham*, ed. S. G. Engelmann, New Haven and London: Yale University Press, 2011, pp. 152 – 219.

4. "Extracts from Jeremy Bentham's Board-of-Police Bill", ed. Philip Schofield and Scott Jacques, in *Jeremy Bentham on Police: the unknown story and what it means for Criminology*, ed. Scott Jacques and Philip Schofield, UCL Press: London, 2021, pp. 77 – 141.

Chapters in Books

1. "Bentham on Public Opinion and the Press", in *Economical with the Truth: The Law and the Media in a Democratic Society*, ed. D. Kingsford-Smith and D. Oliver, ESC Publishing: Oxford, 1990, pp. 95 – 108.

2. "Utilitarian Politics and Legal Positivism: the

Rejection of Contractarianism in early Utilitarian Thought", in S. Guest, ed. , *Positivism Today*, Aldershot, 1996, pp. 99 – 118. Reprinted in Japanese translation in *Studien zur Praktischen Philosophie* (Der Gesellshaft für Studien zur Praktischen Philosophie an der Universität Kyoto), xxi (1998), 49 – 80. Reprinted in Portuguese translation as "El positivismo jurídico e a rejeição da teoria contratualista", trans. L. A. Peluso, in *Ética e Utilitarismo*, ed. L. A. Peluso, Campinas, Brazil, 1998, pp. 143 – 66.

3. "Jeremy Bentham on Political Corruption: A Critique of the First Report of the Nolan Committee ", *Current Legal Problems*, ed. M. Freeman, vol. xlix (1996), 395 – 416.

4. "Jeremy Bentham: Legislator of the World", *Legal Theory at the End of the Millennium: Current Legal Problems*, ed. M. Freeman, vol. li (1998), 115 – 47. Reprinted in G. J. Postema, *Bentham: Moral, Political and Legal Philosophy*, 2 vols. , Aldershot, 2002, ii. 483 – 515.

5. "La Arquitectura del Gobierno: Publicidad, Respons-abilidad y Democracia Representativa en Jeremy

Bentham", trans. M. Escamilla and J. J. Jiménez Sánchez, in *Opinión Pública y Democracia: Anales de la Cátedra Francisco Suárez*, no. 34(2000), 145 – 69.

6. "Jeremy Bentham: Historical Importance and Contemporary Relevance", in *Jeremías Bentham: el joven y el viejo radical, su presencia en el Rosario*, Bogota, 2002, pp. 51 – 77. Also printed in Spanish translation as "Jeremy Bentham: importancia histórica y relevancia contemporánea", trans. Mauricio Beltrán Cristancho, in ibid. , pp. 21 – 49.

7. "Jeremy Bentham, the Principle of Utility, and Legal Positivism", in M. D. A. Freeman, ed. , *Current Legal Problems 2003: Volume 56*, Oxford, 2004, 1 – 39. Reprinted in *Selected Writings: Jeremy Bentham*, ed. S. G. Engelmann, New Haven and London: Yale University Press, 2011, pp. 425 – 59.

8. "Bentham et la réaction britannique à la Révolution française", trans. E. de Champs, in *Bentham et la France: Fortune et Infortunes de l'utilitarisme*, ed. E. de Champs and J. -P. Cléro, Oxford: Voltaire Foundation, 2009, pp. 67 – 82. Original, unabridged

English version published as "Jeremy Bentham and the British Intellectual Response to the French Revolution", *Journal of Bentham Studies*, xiii (2011), 1 - 27: http://discovery. ucl. ac. uk/ 1333215/1/013%20Schofield. pdf.

9. "Sidgwick on Bentham: the 'Double Aspect' of Utilitarianism", English with Italian translation as "Sidgwick su Bentham: Il 'duplice aspetto' dell'utilitarismo", in *Henry Sidgwick: Ethics, Psychics, Politics*, ed. P. Bucolo, R. Crisp, and B. Schultz, Catania, 2011, pp. 412 - 69. Republished in Chinese translation (trans. Yanxiang Zhang) in *Tsinghua Studies in Western Philosophy*, viii. 2 (2022), 212 - 34.

10. "John Stuart Mill on John Austin (and Jeremy Bentham)", in *The Legacy of John Austin's Jurisprudence*, ed. Michael Freeman and Patricia Mindus, Springer: Dordrecht, 2013, pp. 237 - 54.

11. "Jeremy Bentham and James Mill", in *The Oxford Handbook of British Philosophy in the Nineteenth Century*, ed. W. J. Mander, Oxford University Press, 2014, pp. 347 - 64.

12. "Jeremy Bentham on Taste, Sex, and Religion", in X. Zhai and M. Quinn, eds. , *Bentham's Theory of Law and Public Opinion*, Cambridge: Cambridge University Press, 2014, pp. 90 – 118.

13. "A Defence of Jeremy Bentham's Critique of Natural Rights", in X. Zhai and M. Quinn, eds. , *Bentham's Theory of Law and Public Opinion*, Cambridge: Cambridge University Press, 2014, pp. 208 – 30.

14. "Constructing the Text: Jeremy Bentham's *Of the Limits of the Penal Branch of Jurisprudence*", in *The Legal Philosophy and Influence of Jeremy Bentham: Essays on Of the Limits of the Penal Branch of Jurisprudence*, ed. G. Tusseau, Abingdon: Routledge, 2014, pp. 23 – 35.

15. "Jeremy Bentham", in *Constitutions and the Classics: Patterns of Constitutional Thought from Fortescue to Bentham*, ed. D. J. Galligan, Oxford University Press, 2014, pp. 231 – 49.

16. "The 'least repulsive' work on a 'repulsive subject': Jeremy Bentham on William Blackstone's *Commentaries on the Laws of England*", in *Blackstone and His Critics*, ed. A. Page and W. Prest, Oxford: Hart, 2018, pp. 23 – 40.

17. "Jeremy Bentham", in *The Oxford Handbook of Legal History*, ed. M. D. Dubber and C. Tomlins, Oxford University Press, 2018, pp. 379 – 96.

18. "Utilitarianism, God, and Moral Obligation from Locke to Sidgwick", in *The Cambridge History of Modern European Thought*, ed. P. E. Gordon and W. Breckman, 2 vols. , Cambridge University Press, 2019, i. 111 – 30.

19. "Jeremy Bentham and the Spanish Constitution of 1812", in *Happiness and Utility: Essays Presented to Frederick Rosen*, ed. G. Varouxakis and M. Philp, London: UCL Press, 2019, pp. 40 – 58.

20. "Introduction", in *Bentham and the Arts*, ed. Anthony Julius, Malcolm Quinn, and Philip Schofield, UCL Press: London, 2020, pp. 1 – 18.

21. "The Epicurean Universe of Jeremy Bentham: Taste, Beauty and Reality", *Bentham and the Arts*, ed. Anthony Julius, Malcolm Quinn, and Philip Schofield, UCL Press: London, 2020, pp. 21 – 45.

22. "Jeremy Bentham and the Origins of Legal Positivism", in *The Cambridge Companion to Legal Positivism*, ed.

T. Spaak and P. Mindus, Cambridge: CUP, 2021, 203 – 24.

23. "Jeremy Bentham, the Bentham Project and *The Collected Works of Jeremy Bentham*", in *Jeremy Bentham on Police: the Unknown Story and What it Means for Criminology*, ed. Scott Jacques and Philip Schofield, UCL Press: London, 2021, pp. 17 – 33.

24. "Jeremy Bentham on South Australia, colonial government, and representative democracy", in *Jeremy Bentham and Australia: Convicts, Utility and Empire*, ed. Tim Causer, Margot Finn, and Philip Schofield, UCL Press: London, 2022, pp. 223 – 47.

25. "Introduction", with Xiaobo Zhai, in *Bentham on Democracy, Courts, and Codification*, ed. Philip Schofield and Xiaobo Zhai, Cambridge University Press: Cambridge, 2022, pp. 1 – 18.

26. "Intellectual Aptitude and the General Interest in Bentham's Democratic Thought", *Bentham on Democracy, Courts, and Codification*, ed. Philip Schofield and Xiaobo Zhai, Cambridge University Press: Cambridge, 2022, pp. 21 – 43.

B. Articles

1. " Conservative Political Thought in Britain in Response to the French Revolution", *Historical Journal*, xxix (1986), 601 – 22.

2. "Economy as Applied to Office and the Development of Bentham's Democratic Thought", in M. Sutton, ed., *History of Ideas Colloquium: Occasional Papers 1, 1986*, Newcastle upon Tyne Polytechnic, pp. 48 – 59. Reprinted in *Jeremy Bentham: Critical Assessments*, ed. Bhikhu Parekh, 4 vols., London, 1993, iii. 868 – 78; and in G. J. Postema, *Bentham: Moral, Political and Legal Philosophy*, 2 vols., Aldershot, 2002, i. 407 – 18.

3. "British Conservatives, the British Constitution and the French Revolution", in Michel Delecroix, ed., *Cahier du Centre d'Etude des Civilisations liées aux Langues Européennes*, *Université de Reims*, i [1990], 65 – 89.

4. "Jeremy Bentham and Nineteenth-Century English Jurisprudence", *Journal of Legal History*, xii

(1991), 58 – 88. Reprinted in *Jeremy Bentham*: *Critical Assessments*, ed. Bhikhu Parekh, 4 vols. , London, 1993, iii. 184 – 214. Also Published as "Jeremy Bentham und Die Englische Jurisprudenz im 19. Jahrhundert", trans. A. Baker (Bielefeld) in W. H. Schrader and U. Gähde, eds. , *Der klassische Utilitarismus*: *Einfl üsse -Entwicklungen-Folgen*, Berlin, 1992, pp. 34 – 82.

5. "The Constitutional Code of Jeremy Bentham", *The King's College Law Journal*, ii (1991 – 2), 40 – 62.

6. "British Politicians and French Arms: the Ideological War of 1793 – 5", *History*, lxxvii (1992), 183 – 201.

7. "Bentham on the Identification of Interests", *Utilitas*, viii (1996), 223 – 34. Reprinted in G. J. Postema, *Bentham*: *Moral*, *Political and Legal Philosophy*, 2 vols. , Aldershot, 2002, i. 435 – 46.

8. "Political and Religious Radicalism in the Thought of Jeremy Bentham", *History of Political Thought*, xx (1999), 272 – 91.

9. "Bentham on Colonies, Commerce, and Constitutional Law", Printed in Japanese translation in *Seijo University Economic Papers*, cxlviii (2000), 171 – 96.

10. "Jeremy Bentham's 'Nonsense upon Stilts'", *Utilitas*, xv (2003), 1 – 26.

11. "Jeremy Bentham, the French Revolution and political radicalism", *History of European Ideas*, xxx (2004), 381 – 401. Reprinted in F. Rosen, ed., *Jeremy Bentham*, Aldershot, 2007, 535 – 55.

12. "Werner Stark and Jeremy Bentham's Economic Writings", *History of European Ideas*, xxxv (2009), 475 – 94.

13. "Jeremy Bentham and HLA Hart's 'Utilitarian Tradition in Jurisprudence'", *Jurisprudence*, I (2010), 147 – 67. Republished in French Translation as "Jeremy Bentham et la 'tradition utilitariste de la théorie du droit' selon H. L. A. Hart", in *Bentham Juriste: L'utilitarisme juridique en question*, ed. Malik Bozzo-Rey et Guillaume Tusseau, Paris: Economica, 2011, pp. 125 – 49. Republished in Chinese Translation (trans. Yan-Xiang Zhang) in *Taipei University Law Review*, lxxxiv (2012). Republished in

Japanese Translation in *The Challenges of Jeremy Bentham*, ed. Y. Fukagai and M. Kaino, Kyoto: Nakanishiya Press 2015, 66 – 98.

14. "Godwin and Bentham's Circle", *Bodleian Library Record*, xxiv (2011), 57 – 65.

15. "Jeremy Bentham on Utility and Truth", *History of European Ideas*, xli (2015), 1125 – 42.

16. " 'The first steps rightly-directed in the track of penal legislation' : Jeremy Bentham on Cesare Beccaria's *Essay on Crimes and Punishments* ", *Diciotessimo secolo. Rivista della Società Italiana di Studi sul Secolo XVIII*, iv. (2019), 65 – 74.

17. "Jeremy Bentham on Freedom of the Press, Public Opinion, and Good Government", *Scandinavi-ca: An International Journal of Scandinavian Studies*, lviii (2019), 39 – 57.

C. Other publications

1. "A comparison of the moral theories of William Paley and Jeremy Bentham", *Bentham Newsletter*, xi (1987), 4 – 22.

2. "Jeremy Bentham: Political Philosopher and Legal Reformer", in *The Old Radical: Representations of Jeremy Bentham*, ed. C. Fuller, London, 1998, pp. 1 – 4.

3. "Jeremy Bentham" (5 500 words), in *Encyclopedia of Philosophy*, 2nd edn. , ed. D. Borchert, 10 vols. , Detroit: Macmillan Reference USA, 2006.

4. "Jeremy Bentham" (1 000 words), in *Encyclopedia of Law and Society: American and Global Perspectives*, 3 vols. , ed. D. S. Clark, London: Sage, 2007.

5. "Utilitarianism" (1 000 words), in *Dictionary of Liberal Thought*, ed. D. Brack and E. Randall, London: Politico's, 2007, pp. 408 – 10.

6. "Jeremy Bentham" (4 000 words), in *The New Palgrave Dictionary of Economics*, 2nd edn. , 8 vols. , ed. S. N. Durlauf and L. E. Blume, Palgrave Macmillan, 2008.

7. "Jeremy Bentham" (1 000 words), in *International Encyclopedia of the Social Sciences*, 2nd edn. , 9 vols. , ed. W. A. Darity, Detroit: Macmillan Reference USA, 2008, i. 285 – 6.

8. "Jeremy Bentham" (500 words), in *The Yale Biographical Dictionary of American Law*, ed. R. K. Newman, New Haven: Yale University Press, 2009, p. 38.

9. "Utility and Democracy: A Comment on the Commentators", *Philosophy and Public Issues/ Filosofia e Questionie Pubbliche*, i (2011), 3 – 9 and 41 – 50 respectively.

10. With Tim Causer, "Jeremy Bentham and the Computer Age: Reflections on Crowdsourcing the Transcription of Handwritten Documents", *Annual Bulletin of Resources and Historical Collections Office (shiryo-shitsu)*, *The Library of Economics*, *The University of Tokyo*, v. (2014) (March 2015), 2 – 19.

11. "Jeremy Bentham", *The Wiley Blackwell Encyclopedia of Social Theory*, 2017.

12. "Jeremy Bentham: Nothing but Pleasure and Pain", essay for Footnotes to Plato, in *Times Literary Supplement*, 2020, https://www.the-tls. co. uk/articles/jeremy-bentham-nothingpleasure-pain.

13. "Bentham, Justice", in M. Sellers and S. Kirste, eds., *Encyclopedia of the Philosophy of Law and Social Philosophy*. Dordrecht: Springer, 2022. https://doi.org/10.1007/978-94-007-6730-0_931-1.

D. Review Articles

1. " 'Professing Liberal Opinions': The Common Law, Adjudication and Security in recent Bentham Scholarship", *The Journal of Legal History*, xvi (1995), 350-67.

2. "The Legal and Political Legacy of Jeremy Bentham", *Annual Review of Law and Society*, ix (2013), 51-70.